中国権力闘争

共産党
三大派閥抗争
の
いま

宮崎正弘

文芸社

中国権力闘争

共産党三大派閥抗争のいま

中国権力闘争　目次

第二章　薄熙来の失脚が意味すること――太子党VS団派の暗闘

第三章　胡錦濤政権VS上海派の舞台裏――団派は江沢民院政といかに戦ったか

第四章　習近平時代とは江沢民院政の終わり

カバー写真・アフロ／本文写真・宮崎正弘
カバーデザイン／パワーハウス

プロローグ　次の習近平政権と群雄割拠

習近平には「独裁力」が希薄だ

中国の次期指導者として習近平（副主席）が国家主席兼党総書記に内定しており、次期首相（国務院総理）は李克強（副首相）でほぼ確定している。２０１２年秋に予定されている第18回中国共産党大会で正式に決まる。

習近平は革命元勲のひとり習仲勲（元副首相）の子。習はこうした高官の子らが形成する「太子党」を代表し、李克強は共産主義青年団（＝団派）を束ねる一方の雄だ。ちなみに「太子党」の「党」は、パルタイのような強い強制力を伴わない、この場合は「仲良しクラブ」的な連絡網のようなものが実態である。全体が組織的メカニズムで成り立っているのではない。英語は prince party ではなく prince ling と表記するように。

２００2年から10年続いた胡錦濤政権は先が見えてきた。権力中枢の磁力が弱まって群雄らはそれぞれの思惑と野心を秘めて胡錦濤から一定の距離を置き、あるいは離れてしまった。したがって２０１1年秋あたりから胡錦濤政権はレームダック化しているかに見えた時期もあった。しかし真相はそうでもない。

中国の権力闘争は三派（団派vs上海派vs太子党）の対立構造だが、実際には太子党のスイングぶりによって二派の対立とも捉えられる。

「いまの中国は（三派鼎立《ていりつ》というより）一党二派閥。二つの派閥とは即ち『上海派と太子党主流の連立』と『団派＋ポピュリスト＋太子党民主派の連立』。だから物事の決定に時間がかかり、機構が複雑化して派閥が個性を押しつぶし、結果はデッド・ロックに乗り上げる」（米国ブルッキングス研究所報告、２０１2年4月18日）。

胡錦濤はおとなしそうに見えるけれども裏へ回れば上海派を敵に回しての謀略たくましく、血を血であらう権力闘争が熾烈さを増し、上海派（江沢民元総書記が統率）の利益買弁者で領袖といわれた陳良宇（上海市党書記）と太子党の反逆児、重慶市党書記だった薄熙来を失脚へ追い込んだ。そのうえ香港では行政長官のポストを巡って上海派で太子党にちかいとされた唐英年を土壇場で窮地に追い込み、自派の梁振英を逆転当選させた。

薄失脚以後の政治情勢を利用して軍に忠誠を誓わせ、綱紀を粛正し、重慶市の旧幹部をごっそりと排除した。

胡錦濤にもなかなか凄腕の一面がある。

現時点での権力闘争の状況はつぎの政治局常務委員会（９名）の椅子をめぐって展開されているが、未定の残席は７名（もし減員されると残席も減る）。２０１１年の「北戴河会議」（夏に避暑地の北戴河〈中国の軽井沢〉に最高幹部、長老らが集まって年次方針を決める）では侃々諤々《かんかんがくがく》の議論はあったが、具体的な人事は決まらず、とりあえず「三三三配分」（三派にそれぞれ三席ずつ）だけが既定の方針とされた。

ところがこの基本方針さえ二転三転し、党中央は全ての中央委員（およそ１７０名）ならびに有力な国有企業幹部ら３００名に意見を求め、政治局常務委員の定数を９名から７名へ減員することの可否を問うた。

温家宝、胡錦濤は賛成し、習近平は態度を保留しており、江沢民は返事を出さなかった。

「なんでもありの共産党政治、あるいは11名に増員して派閥均衡策をとる可能性もある」（『ヘラルド・トリビューン』、5月16日）。

政治局は、薄失脚により現在のメンバーは24名。このうち年齢制限に引っかからないで留任するのは左記の８名である。

李源潮、王岐山、汪洋（以上3名は政治局常任委員会入りが確実）
兪正声、劉延東、劉雲山（以上3名は常務委員会入りが有力）
張高麗、張徳江（ダークホースとして可能性は否定できない）

もしトップが7名となると習近平と李克強は当然居残るから、残席5名となる。そのバランスから予想すれば確実に上海派が少数派に転落する。

つまり現在の中国の権力状況は冒頭のブルッキングス報告と一部重複するが、胡錦濤率いる団派（共産主義青年団）と革命元勲の子弟らの「太子党」、産業利権を幅広く握る「上海閥」（「江幇」ともいう。江沢民元総書記が束ねる）の三派連立政権である。

派閥バランスから言えば次の政治局トップに団派から李克強、汪洋、劉延東でほぼ確定。太子党の3席は習近平、王岐山、李源潮が内定し、残りの椅子をめぐる熾烈な権力闘争が繰り広げられている。いま上海閥が握っている3席は兪正声（上海市書記）のほか公安系と紀律系から劉雲山、孟建柱などダークホースの登場となりそうである。

天安門事件以来最大の「政変」と言われた王立軍亡命未遂事件（12年2月）と前重慶特別市党書記だった薄熙来の完全失脚（同年4月）で、北京の権力中枢は熾烈な権力闘争の鉄火場であったことを内外に見せつけた。

薄熙来は薄一波元副首相の子、したがって太子党でもあり大連市長、遼寧省長、商務大

習近平次期政権の人脈図

保護者（上海派＋太子党）

〜〜〜〜〜〜〜〜〜〜〜〜〜

江沢民 vs 喬石

曽慶紅 vs 朱鎔基

李長春、呉邦国

賈慶林

新長老（＋旧改革派）

〜〜〜〜〜〜〜〜〜〜〜

胡錦濤

温家宝

習近平

キッチンキャビネット

〜〜〜〜〜〜〜〜〜〜〜〜

斉心（ゴッドマザー）

彭麗媛（妻、陸軍少将）

斉昌昌、習遠平（姉弟）

何立峰（天津副市長）

陳希（遼寧副省長）

軍

〜〜

徐才厚

郭伯雄

陳炳徳

羅媛、劉亜洲

梁光烈、李継耐

劉源（劉少奇の息子）

劉衛平（総後勤部副主任）

政権予測（政治局常務委員）

〜〜〜〜〜〜〜〜〜〜〜〜〜〜〜

兪正声　李克強

王岐山　汪洋

張徳江　劉延東

李源潮　劉雲山

孟建柱

他の有力。張高麗、張慶黎

第六世代

〜〜〜〜〜

胡春華、孫政才、周強ら

軍ＯＢ

〜〜〜

朱成虎、熊光偕

太子党民主派

〜〜〜〜〜〜〜

胡徳平（胡耀邦の息子）

馬暁力（馬文瑞の子）

胡木英（胡橋木の息子）

失脚

〜〜〜〜〜

薄煕来

王立軍

谷俊山

対日司令塔

〜〜〜〜〜〜

唐家璇

戴秉国（国務委員）

王毅（外相、駐日大使はランク外）

臣を歴任した。なぜトントン拍子の出世が可能であったかと言えば、薄一波は鄧小平に拾われたが胡耀邦の政敵であり、江沢民を様々な場面で助けて恩を売った。その見返りに江沢民はことあるごとに薄熙来を引き立てたからだ。

薄熙来は文革中、つるし上げられた父親を打擲し生き延びた。ということは性格的に歪んでおり精神が卑しく、行いも貧しく、しかし権力亡者の野心家ゆえに周囲からいかに嫌われても、権力トップに取り入れば出世の階段を上れるということである。

大連市長時代は場所柄からも日本の政治家や企業幹部との付き合いが深かった。薄熙来はハンサムで長身、辣腕家として世界に知られたが、野心満々で重慶市をミニ毛沢東ならぬ本人が皇帝然として支配する「薄王国」に仕立て上げ、それをバックに中央復帰を狙っていた。地元の軍事力を手なずけるために成都軍管区へも梃子入れを図っていたが、この分裂行動は胡錦濤執行部の逆鱗に触れた。成都軍管区のなかの昆明は戦争末期から国共内戦の終盤で薄の父親、薄一波と薄夫人の谷開来の父親である谷景生将軍がコンビを組んで守り抜いた、かれらの血潮の凝結した場所でもあり、薄熙来は「ここの軍隊はオレの言うことは聞く」と錯覚したのだ。

薄は5年前の第17回党大会でも、「オレ様が副首相になるぞ」などと周囲に公言し、傲岸にふんぞり返ったため、怒った呉儀（女性、当時の副首相）が頑強に反対、結局、重慶市党書記へ左遷された。

ところがどっこい、左遷先で派手な政治パフォーマンスを演じて「秦始皇帝、毛沢東、そして中国の歴史で3位の人物は、このオレ様よ」とする豪気な放言を続けた。あまりの傍若無人に胡錦濤、温家宝、李克強の3人はそっぽを向いてきた。

庇護者の江沢民は薄の父親に恩義があって、いろいろと裏から手を回して庇ってきたが、次期後継の習近平にとっても煙たい存在となった薄熙来を嫌がり、しかも習の父親と薄の父親はいがみ合った仲だったのだ。

実際に薄失脚のニュース（2012年4月10日）を筆者は東京にいてある中国投資セミナーの会場で耳にしたが、その場にいた多くの日本人企業関係者が一様に「ええーっ」と呻いた。何人かはその昔、大連で薄に会ったことがあるほどに彼は日本企業との関係が深かった。だから内部情報に拠《よ》れば薄の側近等は失脚後の薄を助けようとして動き、その関連で何人かの日本人が北京に招かれ、幽閉されていた薄前重慶市党書記と面談したという面妖な情報がある。

薄熙来が重慶市党書記に赴任以来、かの地で声高に唱えた「唱紅打黒」（毛沢東精神に還り、マフィアと汚職を撲滅）は庶民受けするスローガンだった。薄在任中に筆者は3回、重慶を取材しているが、ほかの都市と雰囲気が異なっていた。

薄熙来は中央政界復帰の野心をポピュリズムの演出に託した。高級スーツを身に纏い、夫人は最高級のフランス服飾、息子はフェラーリを乗りまわすという華麗なファミリーは毛沢東の貧困耐久生活から最も遠い場所にいるにも拘らず。

薄は2007年に書記として乗り込んだ重慶特別市で既存利益集団を荒々しく退治し、一説に5千名を拘束して取り調べ、拷問を加えてマフィアに繋がる党幹部を起訴、主犯13名を死刑にした。これを「重慶モデル」と呼ぶ中国の一部庶民や左派系メディアは薄熙来の執行部入りを熱心に支持した。

庶民にとっては今も貧困に喘ぎ、腹一杯の食事も出来ないといった有り様なのに特権階級は贅沢三昧の飽食と豪華な衣服、アクセサリーを身につけ、高価な宝石を指にはめて子弟等はことごとく欧米へ留学している。その格差、差別への怨念がときに手のつけられない暴動を生むが、薄熙来はその火薬庫に火をつけた。だから庶民から大喝采を得たものの共産党内部からは「やりすぎ」と批判が続出し、薄は総スカンとなった。

とくに胡錦濤、温家宝は薄を蛇蝎《だかつ》のごとく嫌い、一度たりとも重慶視察に赴かないかわりに華南へ頻繁に旅行した。すなわち胡錦濤も温家宝も李克強も逆方向の広東省へ行って自派のライジング・スターである汪洋（広東省書記）を露骨に支援した。このためある時期は薄熙来vs汪洋という対立図式で描かれたが、表面的解釈に過ぎない。

汪洋が薄熙来の前の重慶市党書記であり、しかも薄が「腐敗一掃」と言って退治した党幹部、市幹部らは汪洋の息のかかった人脈が多かったため、薄が共青団から激しい恨みを買ったのは事実である。

汪洋は広東省書記に栄転してからというもの中国一の繁栄を誇る広東省の経済改革に意欲的で、同時に賃上げ、待遇改善を要求する労働者のストライキを黙認するリベラル路線をとり続けた。だから華南を見ていると、中国の繁栄と成長と民主化がリアリティーを持つ。

これを「広東モデル」という。広東省のひとりあたりのＧＤＰはすでに1万ドルをこえており裕福な人たちが多い。この意味で「重慶モデル」と「広東モデル」は対立する構造になる。共青団vs太子党の対立図式と重複するが、かならずしも太子党の多くが薄熙来を支援した訳ではなかった。

『多維新聞網』（6月21日）に拠れば汪洋が政治的野心と決断の下、１００名前後の省幹部を処分する構えをみせ、既に２００９年から「反腐敗キャンペーン」を展開してきた。広東省紀律委員会、検察、法務関係省庁は汪洋の路線に賛同している。茂名市党書記、同副市長、公安局長などが腐敗の捜査対象となって失脚。広東省党常務委員会統戦部長も取り調べをうけ、連座した茂名市党委員会幹部は２１８名に及んだ。

2011年には中山市元市長の李后紅、仏山市元副書記だった呉志強らが失脚している。「広東省政府元副秘書長だった謝鵬飛、同財政副長だった危金峰らが党紀律委員会から査問、ともに失脚した。『広東官場』（広東省の政治の見せ場という意味）では、近く、その調査査問の対象が数百名規模に及ぶのではないかと戦々恐々となっている」（『多維新聞網』）

取り調べは深圳市党書記の王栄来が指導し、同市常務副市長の呂鋭峰、元副市長の梁道行と秘書ら100名に及んだが、まさしくこれは〝広東の嵐〟だと喝采する市民、重慶と同様に旧幹部とそれにつらなる既得権益者が汪洋に対抗したための報復措置とする旧裨益派等、実態は複雑に輻輳している。

汪洋は沿岸部の知識人や中産階級に人気が高いが、しょせん落下傘指導者であって赴任した初期、地元広東省の党委員会古参幹部等は激しく抵抗して横を向いていたのだ。

広東はもともと自尊心が強く、四人組に対抗した葉剣英も、辛亥革命の孫文も広東の人、独立精神が旺盛で、つねに反中央である。

中国は民主主義ではなく選挙制度がないけれども、ある程度のポピュリズムがメディア操作で成り立っており、加えて昨今はネット世論がある。町の落書きからも、思わぬ情報が拾えるのは壁新聞の伝統からだ。

インターネット、フェイスブックやツイッターが形成する党外の一般世論を無視できなくなって、中国政府は従来的な鉄拳制裁や武力弾圧を控えるようになった。

たとえば２０１１年８月に大連でおきた一般市民の抗議集会は、近くの毒物を廃棄する化学工場移転をもとめて座り込み、ついに大連市書記が集会に出席して撤去を約束したほどに勢いがある。初めて民主的抗議行動が実を結び、この「大連モデル」も全中国に広がって労働者の模範となった。

つい最近も筆者は上海空港のコンコースに要求スローガンの横断幕を敷き詰めて抗議する集団を目撃したが（21ページの写真）、警官がきてごぼう抜きという見なれた風景がなかった。抗議行動を放任しているのである。信じがたい進歩である。

こうした中国の状況的変化という環境のなかで次の権力者等の戦いを見なければ、中国の本質を見誤ることになる。

スキャンダルまみれ

２０１２年秋の第18回中国共産党大会で、習近平が党の総書記と党軍事委員会主席に選ばれ、翌年の全国人民代表大会では李克強が首相になるのは既定の方針である。

胡錦濤は引き続き２０１３年３月の全人代で国家軍事委員会主席のポストも習近平に移譲すると予測され、文字通り第五世代の若手執行部が中国の舵取りを担う（軍事委員会には党と国家の委員会が表裏一体で存在するが、メンバーはほとんど同じ。改選時期が異なり行政上の人事は３月の全人代で決まる）。

しかし次期執行部の面々にバブル崩壊の崖っぷちにある経済の難局を乗り切る器量があるか、国家の末端まで束ねることができる政治力がどれほどのものか、チャイナ・ウォッチャーのみならず市場にはむしろ不安と懸念が広がっている。ロイター通信は２０１２年５月７日付けで「中国共産党第18回党大会」は９月から10月に開催予定だった日程が、11月から来年１月に延期される可能性がでたと報道した。

もとより中国内のブログや内部情報では４月の段階から「延期説」がでていたが、それらがデマ、流言飛語のたぐいとして処理され、軍事クーデターの噂とセットになっていた。

ロイターの観測に拠れば胡錦濤は政治局常務委員を２名減員し、７名とする案を示し、ほかの政治局常務委員は反対に２名増員して、11名体制を希望したという。中国共産党トップの「政治局常務委員会」は第13回党大会では５名、第14、15回党大会で７名。現行の９名体制は第16回党大会以後である。

上海空港で座り込み、抗議する集団（2012年５月）

さて「次期皇帝」＝習近平に対する華字紙や中国のメディアの評価は、まだ就任前というのに決して高くない。

香港の『りんご日報』（２０１０年10月21日付け）は当時の習近平の軍事委員会副主席入りを「ダークホースが王権を手に入れつつあるが彼は高級幹部一族の『太子党』所属であり、特権階級の権利を擁護し、独裁体制を維持させることに汲々とする連中が支持基盤である限り、大変革はありうるシナリオではない」と冷淡に分析し、一部に期待のあがっていた「習近平＝中国版ゴルバチョフ説」をあっさりと否定した。

習は２００７年にいきなり上海市党書記に抜擢され政治局入りを果たしたダークホース。しかも翌08年３月に国家副主席への三段跳び、四段跳びと異例の階段を駆け上った。背後には江沢民、曽慶紅ら上海派の隠然たる政治的影響力があった。

江沢民はいまでも一部の中国のメディアから「上皇」と呼ばれており、事実上の院政を敷いて胡錦濤を従えているという認識をもっている。このため江沢民は胡錦濤ら共青団主導の人事に露骨に介入するのである。

２０１2年4月9日、政治局常務委員会の9名は北京にきていた江沢民に呼び出され西山（高級軍人の居住区）でトップ会合を開催し、その夜、徹夜の政治局会議が続き、明け方になってようやく薄熙来の「停職」が決定した。

江沢民は、北京の西山に陣取って最後の巻き返しに懸命となった。どうやら周永康の失脚を防いだが、次の政治法律系の常務委員はなんとしても上海派につらなる太子党人脈からおさえたい。

周永康は薄熙来に連座して失脚するという北京筋の情報は日々薄まり、周は各地の催しに顔を出すようになった。失脚を免れたようだが第18回党大会での退任は確定的である。過去、一期で引退した政治法律系担当の政治局常務委員は喬石、羅干の2人しかいない。

ここで日本カードが登場した。

上海派の巻き返しの方便はつねに「反日カード」になる。２００5年の反日暴動も、上海派が公安系と組んで組織化したもので、上海派がおさえている地区で計画的に起きた。上海でのデモが最も先鋭的に暴力化した。胡錦濤は反日の高まりを警戒し、ガス抜きのジェスチャーを示す必要に迫られた。２０１２年にも野田首相の訪中にもかかわらず日中トップ個別会談を拒否して見せた。

同じ頃、ダライ・ラマ法王が英国を訪問し、キャメロン首相と会談した。中国はおざなりの「強い抗議」をしただけである。

しかし対日ではトーンが異なる。日本で「世界ウイグル世界会議」が開催され、カーディル女史にヴィザを発給した日本政府に強い抗議を示した。石原都知事の尖閣諸島購入発言によって民間ではたちまち13億円を超える支援カンパが集まり、北京は日本への抗議の姿勢を強めている。理由は江沢民派の巻き返しに対応しているためで、外相が経団連会長との面談を拒否し、胡錦濤は野田首相と個別会談を拒否せざるを得なかった。

こうした江沢民の裏工作が漏れてきたのは隠れた動静が伝わったからだ。江沢民が北京のスターバックスに現れ、おりから訪中していたスタバ会長のハワード・シュルツと会談した。会談は4月17日、このニュースが漏れたのは3日後、それも江沢民サイドからのリークだった。中国の共産党独裁下の報道環境にあって退役軍人高官ならびに引退した政治家は外国訪問が禁じられているばかりか、外国報道機関とのインタビューも禁じられている。だから江沢民の動静は謎に包まれるが、ときに江沢民は重要な演出を行う。08年8月8日、北京五輪開幕式に何の肩書きもないのに貴賓席に陣取った。09年軍事パレードでも江沢民は、いかなる資格をもってしてか、軍事パレードを謁見する天安門の高楼にいた。

そして2010年2月に重病説が流れ、同年7月には死亡説。香港のメディアが報じて日本の新聞の一部は「号外」まで出したがガセだった。同年10月9日、辛亥革命百周年式典に江沢民はにやにやと作り笑いを浮かべて現れ、場内から「おぉー」とどよめきが起きた。

江沢民は「オレ様の院政は続いておるぞ」、「胡錦濤に気ままな決定はさせない」という政治的メッセージを、こうやって健康を誇示することによって無言のうちに発信し、まだまだ政治的影響力は衰えていないと内外に対しての存在を見せつける演技は常套手段である（脱線だがスターバックスは11年末現在、全中国に500店舗。筆者の北京の定宿の2軒隣もスタバ、上海の銀座といわれる南京東路には2軒の大型スタバがある。地方都市の目抜き通りには必ずスタバがあって日米と同じく禁煙。珈琲代金は西側並みに高い。それなりの客はあるが、中国人でスタバにくる客は駐在外国人が圧倒的である。2015年を目指して中国国内でスタバ1500店舗が目標だという）。

江沢民は結局、このスタバの宣伝に手を貸したことにもなるが、薄熙来失脚以来のタイミングでメディアへの露出の意図は現下の政治危機、失脚が予測されている江沢民派の周永康を団派にこれ以上は追い詰めさせないという政治目的も含まれていた。

かくて独裁的カリスマに成り得なかった胡錦濤、それ以下の指導力しかない習近平。

習近平が「改革派」「開明派」として知られた習仲勲の息子だというだけの理由での「政治改革に大なたを振るう」という淡き期待は消し飛ばされるだろう。


中国政局をガタガタに揺さぶる事件は連続していた。

切っ掛けは2011年2月の劉志軍（鉄道部長）更迭だった。これは江沢民の病気説がいっせいに流れた時期と重なる。

中央政界に不穏な空気が流れ、胡錦濤ら団派が上海派を追い詰め、習近平の政治力を牽制できた。なぜなら劉志軍は上海派、その人事は江沢民が行ったからだ。

決定的な上海派の敗北は同年7月23日に起きた温州の新幹線事故だった。事故車両を証拠隠滅のため現場に埋め、それがテレビ中継されて批判が集中したためだ。新幹線事故という偶然の機会を利用して胡錦濤ら団派は上海派を集中的に排除しはじめた。しかし江沢民の影響力が残る軍の強硬派はそのことに怒り（鉄道部は軍の利権の巣窟であり軍人ＯＢの天下り先でもある）、混乱はすぐにはおさまらず、胡錦濤をあざけるかのように日本海域に侵入したり尖閣諸島近辺での領空侵犯を繰り返した。この軍の「反日」的な行動も単純に軍がナショナリズムを獅子吼して反日行動を強化しているというより、党内派閥争いの結果、派生している出来事という側面のほうが強い。

２０１１年11月に江沢民の長男が社会科学院副院長のポストを罷免され、第18回党大会に向け、人事の調整が水面下で始まったことを物語った。『多維新聞網』は「江沢民長子江綿恒免去中科院副院長職務」と報じた。中国国内の「人力資源和社会保障網」（11月18日）は江沢民の長男が長く占めていた社会科学院副院長のポストから降りると伝えた。中国社会科学院は国務省直轄の、中国最大のシンクタンク。建国門内の長安街という一等地に摩天楼がそびえている。

しかし軍内部に強硬派が台頭しており、８月から数回にわたった黄海への空母試験航海は、迅速に装備を強化した軍事力を内外に見せつける意図があった。

とはいうものの軍事的視点からいえば空母へ艦載機の離着艦訓練がなされず、はからずも着艦設備がロシアから提供されていない事実が露呈した。ロシアはライセンス生産を認めて中国へ供与したスホイ33の契約違反（無断で輸出）に腹を立てて、空母ワリヤーグのカタパルトのワイヤを中国海軍に提供しなかった。空母は「移動する空軍基地」であり、その空母に搭載機の離着艦ができないということは「あれは空母とは呼べない」（軍事専門家）のである。

中国がユーロ危機に遭遇して苦境に陥ったEUからの資金援助要請につめたいのも、この千載一遇のチャンスにEU諸国からの武器技術供与を交換条件にしようとして断られた経緯があるからだ。また陳炳徳参謀総長は、夏にイスラエルを訪問して、バラク国防大臣と面会し、高度のミサイル技術、無人攻撃機などの武器供与を要請したが、確固たる回答はなかった。

ともかく軍の跳ね返りを見ていると習近平が次期主席になっても対日関係は改善されないであろうし、軍拡はやまず、言論の自由は実現されないだろう。ましてや経済発展が期待されるのに情報の透明性がない市場はブラックホールに等しい。中国の不動産バブルの破綻は米国のサブプライム・ショック（リーマンショック）の数倍の規模を伴うことになりそうである。

薄熙来の失脚は末端の人事にまでジグソー・パズルのように、あるいはドミノのように連鎖し、今後も連鎖的にごたごたが続くであろう。

したがって次期政権、「習近平丸」の平穏な船出はありえず、胡錦濤ら団派は、もう一度、派手な権力闘争を仕掛けて習近平執行部への牽制を行うだろう。

かくして『中国現代三国志』が開幕する。

第一章　習近平VS李克強

軍権掌握にもたついた胡錦濤

毛沢東は「政権は鉄砲から生まれる」と言った。

中国では軍事力を掌握した政治指導者が最終的なパワーを握る「皇帝」となる。毛沢東、鄧小平は軍を掌握したゆえに独裁が可能だった。江沢民は軍歴がないゆえに必死に軍を掌握しようと焦り、国防予算の20年連続二桁増を丸呑みし、自分になびいてきた軍人を片っ端から大将に任命し、かろうじて軍の上層部を握った。しかし下士官クラスとなると誰も江沢民にカリスマ性を見いだせず、毛沢東や鄧小平とは格が違った。

2012年7月段階で、軍を事実上掌握している徐才厚、郭伯雄の2人の「副主任」と陳炳徳参謀総長、梁光烈国防部長らだが、これら上層部の将軍はすべて70代であり江沢民が任命した。かれらは胡錦濤を軽く見ていることでも共通している。

だが江沢民とて重要な政治決定を独裁では決めるわけにはいかず、重要案件は政治局常務委員会に諮った。独裁国家でトップだけが合議制で開かれているのは皮肉である。

胡錦濤は形式上、軍事委員会主任でありながら軍のトップの顔色を窺わざるを得ない。政治局常務委員会は胡錦濤の政権初期には6人が上海派で固められ、自派は少数派、8年かけてようやく胡錦濤派5、上海派4となったが、これでは重要案件は決まらずことごとくが先送りとなり、舞台裏で長老等への根回しが必要となり、時間がかかる。決断に迅速さが伴わなくなる。すなわち独断と偏見で歴代皇帝の「独裁度」を毛沢東90、鄧小平70であるとすれば、江沢民50、胡錦濤が30、次の習近平はおそらく15程度になるだろう。

そういう事情だから執行部が親民路線《ポピュリズム》に偏ると軍の不満は高まり、胡錦濤が知らないうちに宇宙へキラー衛星を打ち上げたり、ステルス戦闘機のテスト飛行をやらかしたり、尖閣諸島では日本の海保巡視艇に体当たりさせてみたり。つまり軍の強硬突出行動は政治中枢のあずかり知らぬところであり、軍と党に整合性がない。

筆者がつねに言ってきたように「中国には戦略がない」のである。企業、国有銀行、資源企業、党、軍、それぞれが戦略を保有しているが、これらを有機的に繋ぐ絆が不在。したがって軍の跳ね返りを見ていると、政権末期になってなお胡錦濤は軍を掌握できなかった事実を示唆していたと言えるのである。

軍はいつでも動く態勢にあるが、いざクーデターをやらかすにしても、それは共産党打倒ではなく共産党支配をより強化するクーデターの可能性が当面は強くなるだろう。

政敵をどちらかが追い詰め、再起できないほどに殲滅するには軍権を完全に掌握する必要がある。そのうえ北京に近い軍の2個師団程度を動かす軍指導部と共産党の誰か、あるいは一派が組めば軍事クーデターは容易に可能となる。いや、かつて4回も5回も同様な軍事クーデターは中国で起きている。

楊中美『2013年、中国で軍事クーデターが起こる』（ビジネス社刊）は次のように予測する。軍の強硬派はかつて熊光偕が代表し、反日と中華思想的な軍事論を展開した。「核の先制攻撃も辞さず」と豪語したのは朱成虎、そして当時の軍の最強硬派は劉亜洲である。楊中美は習近平は派閥均衡、八方美人型で各派のバランスを重視するため軍ににらみがきかなくなり、「一触即発」の時代をむかえることになるだろうから軍事クーデターの可能性が高まると予測した。まさか、と考えがちだが過去30年にも中国の政権は軍事クーデターか、それまがい、あるいは軍の行動に拠って政権がかわっている事実をここで思い出しておく必要がある。

「1966年、毛沢東が文化大革命を起こした際には、林彪（国防部長）の直系部隊が北京に進駐して劉少奇ら反対派の警護員の首をすげ替え、完全に武力で政局をコントロールした。1976年10月6日、葉剣英（軍の長老）の指導により党中央8341警護部隊を率いる汪東興は華国鋒を擁し、武装官邸クーデターで江青ら『四人組』を逮捕して政権を握った。1979年、鄧小平は中越戦争の発生に乗じて軍を支配下に置き、80年6月の華国鋒の東欧訪問の際、警備員を交替させ、帰国後に華国鋒の行動の自由を奪った。最終的に80年末の中央工作会議で華国鋒を『自発的』辞職に追い込み、党の実力者となった。1989年6月の天安門事件では学生の民主化運動をめぐって党内の上層部が李鵬ら保守派と趙紫陽ら改革派に分裂した。鄧小平は最終的に戦車を動員して天安門の学生運動を鎮圧し、趙紫陽を解任した」（楊中美前掲書）。

したがって胡錦濤は多忙な時間をやりくりしながら10年近くをかけて、ようやく軍権の掌握に成功した。と思いきや、まもなく政権を離れる季節になっていた。

はたして軍は確実に習近平になびくか？

胡錦濤主席は09年7月に馬暁夫副参謀総長ら人民解放軍幹部3人を上将に昇格させ、ようやく軍隊内で自派の扶植を本格化させた。

馬副参謀総長は外交畑での活躍が多いため「軍の外相」の異名を持った。馬の父親は解放軍政治学院教育長だった馬戴堯将軍。父の教え子が軍内に夥しく残存している。

劉源（当時は軍事科学院政治委員）の父親は毛沢東のライバルだった、かの劉少奇元国家主席である。劉源は40歳を過ぎて軍に転じた異色の経歴を持つうえ、劉源は習近平に最も近い。

成都軍管区の張海陽・政治委員の父親はいまでも軍内で大きな影響力を持つ長老の張震である。張震は江沢民前政権の軍事人脈を強く支えた。それもこれも軍歴がなくて軍を掌握できなかった江沢民が二桁成長の軍事予算を認め続けて軍にゴマをすったからである。

ともあれ胡錦濤も江沢民の人事戦術にならって軍幹部に取り入るのだが、同時に前述3人の世襲組は一般的なダラ幹の息子とは異なっている。

さらに09年12月には次の若返り人事が確認された。

総政治部は劉永治と孫忠同の二人の副主任が定年（65歳）を理由に引退し、中将の童世平（国防大学政治委員）と杜金才（新疆軍区政治副主任）が昇格。張震の息子、張海陽・政治委員は戦略ミサイル部隊の政治委員に出世した。後者の戦略ミサイル軍は、軍拡中国の中でもとりわけ飛躍的に予算と装備が充実した部門だ。

張黎副参謀長は陸軍出身だったが、新副参謀長は海軍出身の孫建国（前原潜艦長）に交替した。軍のトップに海軍出身も目立つのは江沢民色を消す思惑が秘められたからだ。

党軍事委員会の多くが老齢、よたよたの風情で、軍管区トップ司令員（副司令員を含め）の平均年齢は69歳から70歳だ。彼らが軍のトップの役職を占めて特権を享受し、軍本部でとぐろをまく。腐敗汚職はすすみ、軍の肩書きさえ金で買うという見えないシステムの弊害がある。少将になろうとすればその上に賄賂が必要、中将になろうとすれば、その上に賄賂が必要、果てしなく腐敗が軍を蚕食している。

軍近代化は装備方面で成し遂げられたが、意識の面では凄まじく遅れており（国防意識ではなく党の防衛というメンタリティが先にある）、決定的な近代化の遅れは軍人の性格による。しかも中国人民解放軍は、依然として「長老」が支配し、革命戦争以来の戦争意識が残り、軍閥というよりセクト主義がまかり通る世界である。

地方軍閥のセクト主義ではなく人脈別のセクト主義だ。群雄割拠はかつては地方軍閥が中心だった。朱徳も彭徳懐も林彪も誰も彼も。

そこで「胡錦濤は33人の軍上層部を入れ替え、とくに7つの軍管区のトップのうち、4つの軍管区を入れ替え、若返りを主軸に主としてアカデミックなバックグラウンドを持つ軍人を選んだ」（『アジア・タイムズ』、09年8月14日）。そのうちの9人が軍学校出身、7

人はアカデミックな人々で研究開発部門からの抜擢だった。これは過去の軍の歴史では画期的と言われた。

技術畑や宇宙工学、戦略ミサイル方面はもともと工科大学出身者が多く、また政策研究方面や防衛アカデミーなどは一流大学の法学、政経出身者が目立った。

郭伯雄（党軍事委員会副主席。軍の序列2位）は、「かくて中国人民解放軍は革命的に近代化され、標準化された軍の下士官は知識階層であり、いまや人民解放軍幹部（下士官、将校）の61％は単科大学卒業あるいは同等のレベルにある」と初めて数字をあげて「インテリ化」を誇示した。

２３０万の人民解放軍の61％ではない。もしそうだとしたら１４０万の兵隊が「学士様」となり末端の兵隊は不足、頭でっかちという構造になる。61％というのは幹部候補生を含めての下士官以上のランクのなかでの割合である。「単科大学卒業」か「あるいは同等レベル」という表現にも注意だ。なにしろ総人口もＧＤＰ成長率も、なにもかも誤魔化す特性をもつ国ゆえに逐一の数字を信頼することは出来ないが、こういう発表には、従来からあった一種独特な軍の劣等意識の存在があり、それが軍の逆のバネに働いた結果ともとれるからだ。

中国人民解放軍は共産党のプライベートアーミーでしかない

形式的には人民解放軍のトップは胡錦濤、ナンバーツーは習近平である（2012年秋まで）。その下に徐才厚、郭伯雄が続くが、この2人は政治局員である。中国軍は共産党に従属するプライベートな軍であり、近代的な国軍ではない。「国軍化」はタブーであり、それを唱えた章沁生（大将）は2012年3月に職務停止処分を受けた。

つまり軍は二重構造になっており、党中央軍事委員会と国家中央軍事委員会とは組織も人も被さっているが、トップの主席はともに胡錦濤である。国家中央軍事委員会は飾りに過ぎないが、重要な意味を持つ政治の季節がある。つまり党大会は2012年秋。全人代は翌年3月。ということは江沢民がかつてそうしたように10月から3月までの半年間、習近平は「党中央軍事委員会」の主任となると予測されるものの、胡錦濤の「国家中央軍事委員会」のほうの主任の座は維持されるのである。

胡錦濤の完全引退と温家宝の首相引退は党大会後の2013年3月まで持ち越される。

それなら軍はいったい誰が事実上動かしているのか?

データから見る限り、序列はともかくとして実質のトップは徐才厚（69歳）のようである（2012年8月現在）。

徐はハルビン軍事工科学院で電子工学を学び、吉林軍管区三連隊を振り出しに軍人一筋。瀋陽軍管区で頭角を現し、90年に少将、93年に中将、いずれも江沢民時代である。96～99年には済南軍管区政治委員。政治部副主任に抜擢され、99年に上将（大将）。２００２年に総政治部主任、04年に軍事委員会副主任に就いた。年齢的には徐の上に郭伯雄（70歳）と梁光烈（71歳）がいるが、ともに今期で引退する。徐は江沢民の引きがあるので、居残る可能性が僅かながらある。

郭伯雄は陝西省生まれで、63年に入党。軍国少年として、彼もまた軍人一筋の人生。１９８１年に陸軍19軍55師団の参謀長に就任し、以後、蘭州軍管区で参謀長、93～97年は北京軍管区副司令。つまり郭もまた江沢民に近い。99年に総参謀部副書記、中央委員となった。軍事委員会副主任を兼務し、03年から政治局員である。

国防部長の梁光烈は71歳、四川省生まれ、10代から軍国少年。１９７０年に武漢司令部参謀となって頭角を現し、83年に陸軍20軍の副司令、95年北京軍管区司令。97年瀋陽軍管区司令、99年南京軍管区司令を歴任し、２００２年参謀長、中央委員兼務。08年から国防部長。この肩書きで来日し鳩山首相と面談した。来日は軍幹部として珍しいが、国防部というのは中国では制度上、行政分野であり、国防部長というのは軽い存在である。決して米国防長官などのポストと対等ではない。

この徐才厚、郭伯雄、梁光烈の先輩格で元国防部長の曹剛川は陸軍大将、梁光烈の前の国防部長で、軍事委員会副主任をつとめた。その先輩格が遅浩田だった。彼らは今後、「長老」として発言権を有することになろうが、影響力は薄い。

70代の軍トップがあと2人いる。陳炳徳・参謀総長と李継耐・総政治部主任である。71歳の陳炳徳・参謀総長は江蘇省南通の出身。上海の北という地縁から江沢民時代に南京軍管区司令、２００２年に大将に昇格し総装備部部長、07年より参謀長。第15回党大会より中央委員。陳にイスラエルなど外国訪問が目立つのも武器技術の獲得交渉が狙いである。

李継耐は山東省出身。70歳。ハルビン工業大学卒業、砲兵から総政治部副部長まではい上がり、あとはトントン拍子の出世を遂げた。93年中将、04年から総政治部部長、つまり政治路線、思想、戦略立案の中枢にあって、李は砲兵出身で技術畑らしく、科学技術の発展を重視し、新兵を大学卒、それも理工学部系列から大量に採用する方針に切り替えた中心の1人と目される。この李と陳は朋友関係だが、いずれも引退する。

つまり全員が江沢民の引きで軍のトップに就いていたのだが、今秋に引退となると、残りのなかでは対日強硬派の劉源と劉亜洲がどうしても次世代を主導する展開となるように考えられた。

劉亜洲はまだ61歳、日本の自衛隊なら退官であるが、中国軍では現役。劉亜洲はしかも、小説家であり、幾多の武侠小説、軍事小説のベストセラーを書いている変わり種だ。劉亜洲は太子党でもあり、李先念元首相の女婿。スタンフォードに3年遊学の経験があり大学では英文学専攻という異色のキャラ。しかも劉は、対日強硬派の論客で反日運動を提議したことで日本でも有名である。

しかしどの国の軍隊もそうであるように物書きは遠ざけられる。


こう見てくると注目はやはり劉源である。

まぎれもなき太子党。軍におけるライジング・スター。劉少奇の息子。60歳。すでに大将であり、総後勤部政治委員。劉は『超限戦』の著者等とも親しく、反米強硬派でもあり、著作もある。

劉源は１９５１年、北京生まれ。母親は王光美である。王光美は聡明で、かつ美人で、物理学を北京輔仁大学で専攻したばかりか、フランス語、英語、ロシア語を喋った。劉少奇が国家主席のおりはファースト・レディとして世界に知られた。

その美貌と能力の高さに嫉妬した毛沢東夫人の江青は王光美を文革で血祭りにあげようとし、大悪人キャンペーンでつるし上げ、外国のスパイだといって死刑判決をださせる

（執行を猶予）。彼女は獄中12年の辛苦に必死で耐えた。劉少奇はリンチで殺され、子供達の何人かが獄死した。

ようやく１９８０年に名誉回復され、政治協商会議常務委員など要職に就いたが、慈善事業に力点を移して85歳まで生きた。06年に死去、このとき息子の劉源は軍の中将に出世していた。彼女の半生を活写した作品に譚璐美『江青に妬まれた女―ファーストレディ王光美の人生』（日本放送出版協会刊）がある。

さるにても劉少奇・王光美の子、劉源が中国の軍を率いる可能性が高かったのは何かしら生まれついた星の運命によるのであろうか。

劉源の経歴をたどると31歳で河南省の新郷県の県知事、それまでの文革中の迫害に関しては語らないので不明。父親の名誉回復後は劉源の人生に曙光がさして、１９８５年に鄭州市副市長、88年に河南省副省長と政治の道を歩んだ。ところが、41歳のとき劉源はにわかに武警畑に転じた。

２０００年に武警の中将、そして42歳で軍へ転身を図り、人民解放軍中将、05年総後勤部副政治委員、07年党中央委員、09年大将。そして現在に至る。習近平政権で政治局入りの可能性がある。

ダークホースがあと2人いる。劉衛平と劉暁江である。

劉衛平は習近平の中学の同級、いまは少将で総後勤部副参謀長。やはり太子党であり、父親は空軍副司令だった劉震。習近平と中学時代は毎日のように遊んだ仲である。

劉暁江は海軍政治委員を務めており胡耀邦の女婿。やはり太子党である。

薄失脚で軍の人事にもドミノ現象

第18回共産党大会では政治局常務委員（9名）、政治局員（党務委員を含む25名）、中央委員、中央委員候補らヒエラルキーのトップおよそ400人強が決まるが、同時に「党中央軍事委員会」のメンバーも入れ替わる。

軍のトップ人事の予測が、薄熙来失脚という「重慶の変」により、玉突きドミノとでも言おうか、これまでの予測は修正を余儀なくされた。

第一はライジング・スター劉源の軍事委員会入りが遠のいた。劉源は既出のように太子党のトップ、それも劉少奇の息子、習近平の幼なじみ、これほど恵まれた条件だから、軍事委員会入りはきわめて高いと観測されたが、薄熙来を土壇場まで支持したことが、どうやら致命的になった。内部情報では軍トップのダラ幹どもを面前でメッタ斬りに批判したことがかえって災いしたと言われる。「軍の武器横流し、業者からの賄賂など、軍の腐敗をここまで肥大化させ、その腐った体質を黙認したのはトップの責任ではないのか」と劉源は徐才厚、郭伯雄、陳炳徳らの前で攻撃したのだ。

第二は劉亜洲ら対日強硬派、反米派も主流から外れたことである。

2月の王立軍亡命未遂事件が引き金となった「重慶の変」は軍に異常な緊張を生んだ。というのも2011年11月10日の四川省成都における軍パレードに、軍の肩書きのない薄熙来が出席し閲兵した「事件」はミニ政変の予兆であり、くわえて薄熙来は失脚寸前の全人代で雛壇に座った徐才厚と親しく会話する演技をみせた。徐は現時点で人民解放軍の事実上のトップだが江沢民に近い。2011年11月10日に成都で行われた成都軍管区の特別軍事演習では軍のポストがないにも拘らず隣の重慶から薄がやってきて僭越にも閲兵したのは、四川省に依然として影響力をもつ周永康のアレンジといわれる。周と薄は「政治同盟」を組んでいた。政治局常務委員会の緊急会議（4月9日）で最後まで薄を擁護したのは周永康である。途中まで薄を支持した呉邦国と李長春は降りた。採決は8 vs 1で薄を最後までかばい立てした周永康だけが浮き上がった存在となった。中国のネットでは、この周永康はいつ失脚するかという投書で持ちきりとなる。成都軍管区は四川、重慶、昆明、貴州を管轄する広範な軍管区で、たしかに薄熙来の父親、薄一波は旧雲南省第十四集団を育成したが、それは遠い過去の事実であり、後に郭伯雄が軍管区司令となって、薄の影響力は消えていた。

周永康は2000年から02年まで四川省書記を務めた。周は公安部長を務め、07年からは政治局常務委員（序列9位）として法務、公安を担当し、グーグル攻撃では李長春とともに徹底的に排除を指導した。周はいうまでもないが江沢民の子分で胡錦濤の政敵である。したがって成都軍管区でも軍事演習を「薄―周政治同盟」が背後で動いたという軍内における秩序攪乱が、じつは重要なポイントだったのである。

薄煕来失脚直後から、軍は「団結が重要であり、党の決定に軍は一丸となって従う」との声明を出した。クーデターの動きがあるなどというデマ、流言を打ち消すためだった。

環境は激変し胡錦濤に権力が集中した。胡が軍事委員会主任であるからには、体制として求心力がある。現在の党中央軍事委員会は、主席が胡錦濤、副主席が習近平と徐才厚、郭伯雄の3人（いずれも政治局員である）。ついでに言えば党中央軍事委員会の委員は陳炳徳（参謀総長）、梁光烈（国防部長）、李継耐（総後勤部部長）が続き、いずれも定年を迎えるから秋の党大会で引退の予定。のこる中央委員は廖錫竜、許其亮、呉勝利、靖志遠、常万全の5人だ。

胡錦濤は直ちに軍副主任らに各軍管区への緊急視察を命じた。同時に軍は矢継ぎ早に

「党中央への忠誠を誓い合う」指示をとばした。

2月17日、徐才厚はただちに総参謀部に出向いた。

2月18日、郭伯雄は南京軍管区の部隊を視察し、団結とさらなる研鑽と綱紀粛正を強調した。そして「どんな境遇にあろうとも党主席の胡錦濤の指示に従え」と述べた。同月24日には北京軍管区を視察した。

2月末から3月中旬までに軍幹部の動きが目立たないのは全人代が2週間にわたって北京で開催されていたからである。

全人代直後、薄熙来の失脚が明らかとなる。

1週間をおかず3月24日、徐才厚は河北省と福建省の部隊を訪問し、団結と胡錦濤の指示に従うことを強調し、同月28日には新疆ウイグル自治区の軍部隊を視察した。

4月6日から16日にかけて梁光烈国防部長は広東、広西チワン族自治区の部隊を訪問し、「三個代表論」の重要性を説きつつ、海防に怠りなきよう訓示して歩いた。

4月14日、郭伯雄は成都軍管区に飛び「軍ならびに武装警察諸隊は中央の命令に従い、党中枢の指針に基づいて行動するように」と訓示を垂れた。4月16日には徐才厚が瀋陽軍管区を訪れ、同様な訓辞、4月25日には河北省の部隊を訪問した。

こうした一連の幹部の部隊訪問と軍の団結態勢の構築でひとまずクーデターの動きも収

まり、ようやく5月になって梁光烈は訪米しパネッタ国防長官とあった。

梁光烈・国防部長はパネッタ長官と会見し、共同記者会見では「両国の軍トップによる軍事交流は有意義である」という点で意見が一致したが、ハッカー攻撃対策などで対立が浮き彫りとなった。梁光烈に同行した中国の「将軍団」は陸海空のトップばかりで構成されていたことがわかった。

張又俠は瀋陽軍管区司令員。陝西省生まれで父親も軍人、中越戦争に参戦経験がある。7つの軍管区司令員（司令員は軍管区のトップ）のなかで、張はただひとりの実戦経験者。62歳、習近平に近いという。

蘇士亮は海軍副司令員（海軍中将）。山東省出身で海軍指揮学院院長をつとめ海軍全般に通暁するほか、北海艦隊、南海艦隊司令員を経験、09年から2010年まで海軍参謀長。

楊国海は空軍参謀長、天津生まれ。空軍師団長、上海空軍司令員、蘭州軍管区空軍参謀長を歴任した。

高津は第二砲兵参謀長で戦略ミサイル専門家だ。陸軍少将、江蘇省出身で技術系の秀才。新型ミサイル開発などに貢献し、ミサイル戦略の理論などを執筆した理論家としても知られる。中国軍は、この戦略ミサイル軍をことのほか重視し、優遇してきた。

彭勇は新疆軍管区司令員。新疆ウイグル自治区の党委員会常任委員兼任。

つぎに予測される軍首脳陣はどうなるか

党中央軍事委員会の他のメンバーは、中央委員は寥錫竜、許其亮、呉勝利、靖志遠、常万全の5人。このなかで定年にひっかかりそうなのは呉勝利（海軍司令）。常万全と許其亮は年齢制限にひっかからないため留任は確定的。飛躍する可能性が大きい。

引退予定の呉勝利も「太子党」であり、父親は浙江省副省長まで上り詰めた。現在、軍の実質トップの徐才厚の信頼が厚い。したがって年齢制限ぎりぎりだと言って徐の身代わりとして居残らせることは可能である。徐才厚のバックは江沢民だからである。

しかも流動的要素がある。

第一は過去の慣例にしたがって（江沢民がそうしたように）、胡錦濤が軍事委員会主任の椅子にもう1年居座り続ける場合、習近平は副主任の座に留まることになる。すると残余の「副主任」の椅子は、順当にいけば常万全、許其亮の2人が昇格することになるだろう。

第二は過去の実績から言って、「副主任」は生粋の軍人出身者であり、かつ政治担当、装備担当に分かれるとはいえ広範な軍での経験が必要である。

過去にも劉華清をのぞいて全員が「陸軍」から選ばれた。例外は劉華清（海軍大将）だけだった。彼は「中国のゴルシコフ」と呼ばれるほどに海軍の近代化に力をいれてきた中心人物であったがゆえに鄧小平じきじきの人事だった。劉華清以後、海軍から「副主任」へ昇格した軍人がいない（その意味でも童世平の先輩格の呉勝利の可能性は薄いが副主任昇進シナリオは残る）。

これらの流動要素をのぞくと次世代の筆頭軍人は常万全（大将）だ。たとえ胡錦濤が主任に居残ろうが、習近平が主任に昇格しようが、実際に軍を仕切るのは軍人出身の「副主任」であり、それが3名になるか2名だけか。

常万全は各軍管区参謀長、師団長、作戦部長、国防大学教授、参謀総長を歴任した上、有人宇宙船「神舟」打ち上げの指揮をとった。宇宙工学にも通暁しており、いわば「軍人の見本」みたいな人物だと評判が良い。軍のトップで徐才厚と並ぶ郭伯雄は後継者にこの常万全を充てたい考えといわれる。

胡錦濤はダークホースの童世平に期待を寄せているという。童世平は海軍の近代化一筋を歩んできた。工学畑出身。国防大学政治主任、総政治部では紀律委員会書記を務め、一年後には大将になるコース。順当な年功序列からすれば次は「中央委員」には入れても、「副主任」にはなれない。すぐ上に呉勝利がいるからだ。ところが李継耐と徐才厚が同時に引退するため、この空白ポストに胡錦濤の推薦があれば童世平は二段階特進が出来る。

それゆえのダークホース的存在である。

また軍のバランス感覚から言えば「西高東低」ならぬ「東（北）高西（南）低型」となっている。つまり北京軍管区、瀋陽軍管区、蘭州軍管区に重点的な装備、配備が偏重しており、広東軍管区と四川軍管区が低くみられてきた過去があるため均衡是正という文脈からいえば、童世平は広東軍管区司令も務めたことがあって有利になる。

もう1人、許其亮は空軍を束ねるが、党中央軍事委員会で陸海に続く勢力関係が不文律として存在するため、副主任昇格の可能性は薄いかも知れない。

ほかに中央軍事委員会の委員に加わりそうな軍人を列挙すれば前述の張海陽・火砲部隊政治委員と張又俠（瀋陽軍管区司令）、房峰輝（北京軍管区司令）の3名。しかしダークホース的存在は「軍の国軍化」を主張して現在、所在不明の章沁生大将が、薄熙来事件以来の諸般の事情から異例の復活・抜擢もあり得る。

蘇る胡耀邦とその意味

まさに権力闘争の微妙な時期に胡耀邦追慕の清明節を中国メディアが強調した。

胡耀邦追い落としの急先鋒は失脚した薄熙来の父親、薄一波副首相（当時）だった。

2012年4月、江西省共青城市郊外にある胡耀邦陵墓には党幹部や企業経営者等が陸続と参詣した。

胡耀邦逝きて早や23年の歳月が流れた。当時、もっとも親日的で「民主化」のシンボルとして、あるいは天安門事件への導火線の役割を果たした胡耀邦への知識人の評価は高く、江西省共青城市郊外に広がる胡耀邦陵墓には、死後これまでに党幹部80名、省市などの幹部クラス200名前後が次々とお墓参りにやってきた。

おりから中国は「重慶モデル」と「広東モデル」のせめぎ合い、薄熙来失脚による太子党の迷走と、対比的な共青団勢力の巻き返し。このタイミングのなかで中国のメディアが一斉に胡耀邦を持ち上げ始めた背景には何が隠されていたか？

胡耀邦陵墓は10万坪の広大さを誇り、73段の階段、巨大な石碑は73トンの石材を使用した（享年73歳にちなんだ）。

同陵墓公園には胡耀邦と親しかった中曽根元首相が贈った記念碑も設置されており、付近の土産物屋は胡耀邦列伝、ビデオ、記念メダルなどが売られていて観光客も多い。現地を見た筆者の感想を言えば近年の特色の海外華僑を含む企業人の参詣で大きな花輪を抱えてやってくる様を見ていると、なんだか関羽が「財テクの神様」として評価替えがあったような、いかがわしさも感じないわけではないが。

江西省共青城市にある胡耀邦陵墓の前で筆者

胡耀邦の後継といわれた趙紫陽は1989年の学生運動弾圧（天安門事件）の際に、学生を甘やかしすぎたとして解任され、北京の自宅に軟禁された。

最後に学生集会へ出かけていった趙紫陽が「来るのが遅かった」と釈明したのが党幹部らを激怒させたのだ。そのおり、趙紫陽のそばにピタリと立っていた痩身で神経質そうな男がいる。これが温家宝首相である。温首相は改革路線の先端を突っ走る政治家だが、党内で孤立し、江沢民ら上海派から疎まれるがその分、共青団との距離が近い。

そして胡耀邦―趙紫陽―温家宝の系列が中国共産党内における民主改革派の系譜でもあり、胡耀邦の子、胡徳平ら「太子党内民主派」とも裏面で連携しているのである。

カネ、おんな、暗い過去

どんな大物政治家にもアキレス腱がある。大概はカネとおんなの醜聞。くわえて知られたくない過去を持つ。

報道の自由がない中国からでも口コミとインターネットで共産党大物幹部らの醜聞が外部に大量に漏れてくるようになった。そういう艶聞をあつめた単行本が何種類か出ている（51ページの写真）。秘密情報の多くはひとまずは香港に持ち出され、集積される内部情報はたちまちにして香港メディア、とくに反中国共産党色の強い『開放』『壱』などの雑誌を媒介に世界に打電される。『開放』誌（２０１1年11月号）は「政治局員の殆どがスイスに秘密口座をもつのは常識」と驚嘆の事実をさりげなく書いた。

習近平は政敵がすくなく、「八方美人」型、調整を特技とする政治家とされ、暴言も失言もすくなく、比較的スキャンダルから遠いとされた。が、果たしてそうか？

人並みのカネ、おんなの醜聞にくわえて習近平には別のアキレス腱がある。それは一族が事実上、海外で暮らしていることである。

姉の斉昌昌（習昌昌）は北京の中民信房地産開発理事長で夫は同社のＣＥＯだが、両人の国籍はなぜかカナダである。弟の習遠平はオーストラリアに住んでいる。

中国共産党トップはお盛ん

前妻の何玲玲（何暁明ともいう）は駐英大使だった何華の娘で、父親のコネから現在、英国に居住している。福建省時代の「愛人」と言われた女性も頻繁に海外へ行っている（ちなみに中国語で「愛人」は女房を意味し、日本語における「愛人」を意味するのは「情人」、セフレは「情婦」）。正確にいうと福建省時代前期の習近平は「独身」だった。前妻と離婚し、見合いを繰り返していた時期の愛人だから本気だったのだろうと多くのウォッチャーは分析している。

いまの習近平夫人の彭麗媛は人民解放軍政治部所属歌舞団長。女性だが少将。この結婚話を積極的に進めたのが母親の斉心だったことは有名な話で、習近平がマザコンと言われる所以だろう。

ともかく彭夫人は海外公演も多く、日本にも公演にやってきて皇太子と面会したことがあり、夫婦揃って天皇の政治利用と日本での批判は強かった。宮内庁の内規「1ヶ月ルール」を小沢一郎が無視して、習近平との謁見をアレンジしたが、逆に中国では習が天皇にごり押しで会ったときにふんぞり返ったので評判が高いのである。黄帝いらいの伝統的な皇帝のイメージが付帯したというわけだ。

軍人でもある夫人の功労によって習近平はやけに軍のウケが良い。この夫人の存在が、習近平の陰の評判を消している。習はアモイ事件との関連が云々された。

実際の「アモイ密輸事件」とは総額500億人民元の密輸と脱税、福建省の当時のトップから軍、警察、税関関係者を買収し、軍艦が密輸船の護衛をつとめ税関はフリーパス、荷物は軍差し回しの鉄道で顧客に運ばれた。

高級幹部を買収するためにアモイに何軒か豪邸を建て、美女を集めた「紅楼」で盛んに「接待」が行われた。

古くは『金瓶梅』か『紅楼夢』の酒池肉林、毛沢東のハーレム、いやはや日本人には想像できない欲望の空間が広がる。地区ぐるみの共産党幹部あげての密輸というのも『水滸伝』の荒くれ男たちの世界だ。あまりの腐敗に立腹した当時の朱鎔基首相の陣頭指揮で多くが拘束されたが、主犯の頼昌星だけはカナダへさっと亡命した。中国はカナダ政府に犯

習近平夫人の彭麗媛、若き日のブロマイド

人の引き渡しを要求したが「人権のない国へ送還したらろくな裁判もなく死刑にされる惧れがある」として、じつに12年間もカナダは頼の身柄を保護した。ようやく北京に送還したのは２０１１年７月である。

この密輸事件の黒幕は賈慶林（政治局常務委員、政商協主席、序列４位）とされ、頼が裁判で真相を証言すると賈は江沢民の子分だから、けっきょく上海派がコーナーに追い詰められる可能性が高いとされた。在米華字紙などは既に頼は精神異常をきたしており、２０１２年３月からはじまった裁判での真相追及は期待できないと絶望視していた。

さてアモイ事件に習近平の関与が噂された理由は習が福建省時代が長く、アモイ副市長、福州市党書記から福建省省長を歴任したからだ。

ともかく2人は結婚し、愛娘・習明沢が生まれた。この娘も大いに問題なのだ。習明沢は1992年生まれ、2009年7月、浙江外国語学院を卒業し、翌2010年5月、密かに米国へ出国した。ハーバード大学当局は彼女の在籍に関してノー・コメントに徹した。彼女は性格的におとなしく、08年の四川大地震のおりはボランティアで現地に救援に赴いた経験があるという。

両親は「清く正しくをモットーに生きよ」と習明沢と名付けた。

それにしてもおかしくないか。

「愛国」を獅子吼する指導者の子らが、なぜ帝国主義と敵対するはずの米国へ留学するのか。親がなぜそれを許すのか？　もし政変が起これば子供だけは安全地帯においておこうという発想なのだろうか。

この傾向は70年代の「民主化」のホープと呼ばれた胡耀邦いらいで、胡耀邦の息子、胡徳平も米国に留学し、留学生らの民主化運動にかなり深い理解があった。げんに1983年頃、反政府を鮮明にした雑誌『中国之春』の活動家幹部から胡耀邦の息子との繋がりを聞かされたことがある。その胡徳平はいまや太子党のなかで民主改革を唱える民主派の領袖と見なされている。

「中国太子党」の実態

親	子	孫
毛沢東	息子二人（朝鮮戦争で戦死）	毛新宇（陸軍中将）
	華国鋒（庶子といわれる）	
劉少奇	劉源（陸軍大将）	
周恩来	李鵬（元首相）、養子	李小鵬（山西省副省長）
		李小勇（不動産関連）
		李小琳（中国電力投資集団公司副董事長）
習仲勲	習近平（次期総書記）	習明沢（米国留学中）
薄一波	薄熙来（失脚）	薄瓜瓜（米国留学中、不明）
葉剣英	葉選平	葉明子（服飾デザイナー）
鄧小平	息子二人、娘三人それぞれ独立	
陳雲		陳子丹（モルガンスタンレー）
張震	張海陽（成都軍管区政治委員）	
馬戴堯	馬暁夫（陸軍大将）	
胡耀邦	胡徳平	
王震	王軍（中国中信集団公司董事長）	王京京（中科環境保護公司電力副主席）
栄毅仁	栄智健（中信泰富主席）	
万里		万宝宝（宝石デザイナー）
江沢民	江綿恆（中国網絡通信集団公司）	
朱鎔基	朱雲来（中国国際投資公司総経理）	
曽山	曽慶紅	曽魏（オースオラリア暮らし）
胡錦濤	胡海峰（威視公司前顧問）	
温家宝	温雲松（中国衛星通信公司董事長）	

朱鎔基の息子の朱雲来と娘の朱燕来も米国留学組。息子は米証券大手ゴールドマン・サックスの幹部から中国国際投資公司総経理、娘は中国銀行香港支店幹部である。ほかの幹部も子弟の殆どを欧米に学ばせており、とりたてて問題にするほどのことではないかも知れない。

たとえば軍のトップだった王震の息子、王軍は中国中信集団の会長。その息子、王京京は中科環境保護公司の副主席。つまり高級幹部の子供らを「太子党」と呼ぶが、およそ2900名の「太子党」が2兆元もの国有資産を左右する立場にいる。したがって習近平の娘の米国留学など、たいした事件ではないというわけだ（55ページの一覧表を参照）。

このほか習近平の親戚縁者の多くが海外で暮らし、事実上の亡命を成し遂げている。習の父親＝習仲勲が毛沢東を批判したため文革で悲惨な目に遭い、一家、親族は下放され、惨めな境遇を10数年。したがって改革開放と同時に多くが「中国にはいたくない」と海外に自由を求めて飛び出したからである。

習近平自身は陝西省生まれ、下放された先も陝西省の農場、つらい悲惨な体験をしているので政治的ビジョンに乏しく大がかりな改革に興味がない。民主主義を敵視する。ひたすら現体制の維持に汲々とする政治家だから党全体のコンセンサスも得やすい。同時に09年夏のウイグル族弾圧で鉄拳制裁を主導した経過が示唆するように、習近平は特権階級だけを擁護する。すなわち民衆の敵であることは明瞭である。

一族は海外に暮らすという矛盾

娘の米国留学、兄弟の海外生活など、これまでの共産党であれば絶対に許されない政治家の条件である。

徹底的に批判され、つるし上げを食らっただろうに、なぜ習近平への攻撃材料に使われないのかと言えば、江沢民も曽慶紅（前国家副主席）も息子・娘らは海外で生活したことがあり、げんに曽慶紅の息子はオーストラリアに豪邸を建てて永住権を取得している。政敵も同じ被攻撃材料をかかえるため、お互いが不問にふしているので彼らが「愛国」などと獅子吼しても民衆は誰も信じないことになる。

共産党が公表している数字だけでも高級幹部の海外逃亡は4千人強、持ち出された外貨は1千億ドル。実際には1万人以上が海外へ移住し、4千億ドル前後が中国の外貨準備から消えた。

鄧小平一族の隠し資産はスイスに5億ドルと言われ、次男、三男は不動産ビジネスを派手に展開して失敗した。李鵬（元首相）の次男、李小勇も不動産開発に携わり巨額の赤字をだして失敗。一時、米国へ逃げてほとぼりが冷めるのをまった。娘の李小琳は父親の利権をついで水力発電の関連企業「中国電力投資集団公司」のＣＥＯである。

習近平の場合、いままでのところ経済的スキャンダルは伝わっていない。

とはいっても「清廉」なイメージの胡錦濤ですら息子の胡海峰は「威視公司」の総裁のほか精華大学系列のビジネスに深く手を染める。空港のＸ線検査施設はことごとくが胡錦濤の息子の会社である。女婿はネット産業「新浪網」を経営している。

中国はアフリカ諸国へ作り笑いを振りまき、資源収奪に余念がない。「アフリカ諸国への低利融資を向こう3年間であらたに１００億ドル追加する」と温家宝首相が宣言した。

旧ドイツ領南西アフリカは１９８４年に独立、ナミビアとなる。人口２１０万人。国土面積は日本の２・２倍。このナミビアでは兵器購入の責任者に70万ドルの賄賂が贈られていた。従来のドイツ製兵器からメイド・イン・チャイナの兵器が搬入された。鉱山開発の担当大臣の息子は中国へ留学、ウラン鉱山の探査・開発の権利を中国企業がおさえた。

空港の手荷物検査機器は胡錦濤の息子が社長だった中国企業が売り込み、５５３０万ドルを契約、中間に入ったエージェントに莫大な賄賂が支払われていた（賄賂を受け取ったナミビア高官は起訴されている）。

露骨な手口は産油国、南アジア、アフリカでは効果てきめんである。なにしろアフガニスタンの銅鉱山開発は中国企業が独占し、３千万ドルの賄賂がアフガニスタンに支払われていたように、がむしゃらにカネを交渉手段として駆使し、相手の頬を札びらでひっぱたく。

ナミビア大統領ポアンバの娘と前大統領ヌジョマの２人の親戚は、中国からの秘密奨学金で中国へ留学しているとナミビアの新聞がすっぱ抜いた。検事総長と法務大臣の子供たちも中国へ留学しているうえ、鉱山開発とエネルギー担当の大臣、次官の子供たちも中国の秘密留学制度を「活用」していることが発覚している。

アフリカ南部では比較的民主化が進んでいると言われたナミビアにも「レッド・ブライブ（赤い賄賂禍）」が進んでいたということはほかの独裁国家、たとえばアンゴラや、部族国家の、たとえばスーダン、ジンバブエなどでの賄賂作戦は推して知るべし。

温家宝首相には夫人と息子の醜聞がある。とくに温家宝夫人の張培莉は宝石ビジネスの元締めであり、業界第２位の平安保険の特別顧問との強い癒着が指摘された。このとき、温家宝は一時仮病で入院した上、偽装離婚したと伝えられた。

息子の温雲松は「北京ＵＮＩＨＵＢ総裁」だったが、株式市場で活躍し、インサイダー取引の黒幕と言われた。２０１２年春に中国衛星通信公司の社長に就任したことがわかった。

こうした背景から習近平はことさら「清廉政治家」のイメージづくりに専念し、他者との差別化を国内に印象づけるのである。

まず習近平は国家副主席に就任して最初の外国訪問を北朝鮮にした。

理由は「共産主義者ですよ！　私は！」と内外に見せつけるためである。中国共産党のヒエラルキーで実質第6位（政治局常務委員）とはいえ、次期後継と言われれば言われるほど、中国で危ないポジションはないからだ。

毛沢東は次期後継を自ら指名しておきながら役目を終えると次々と失脚させた。劉少奇は河南省開封の病院で凄惨なリンチのあと息を引き取った。林彪はなぞの「航空機事故」で死亡。周恩来は茶坊主に徹したが最後は癌とわかっても満足な治療を受けられないように毛沢東は周囲の医師団に命じていた（ユン・チアン『マオ』、講談社刊上下二巻）

不死身のカムバックを果たした鄧小平は次期後継と担いだ胡耀邦を失脚させ、つぎに趙紫陽に天安門事件の責任を取らせて失脚させ、さらに趙紫陽追い落としで功のあった楊尚昆を引退に追い込み、傀儡＝江沢民を後継に指名した。ところが鄧小平は江沢民に絶対にキング・メーカーのポストを与えず「次の次」は胡錦濤だと言い残して逝った。

胡錦濤がひそかに希求したのは次期後継主席に自派の李克強を就かせることだった。

しかし肝心の李克強の動きが鈍いうえに共産主義青年団（団派）幹部等が一つにまとまらず、江沢民残党ならびに上海派、太子党の陰湿な抵抗に遭遇、土壇場で曽慶紅（江沢民の右腕、当時は国家副主席）が自らの引退と引き替えに上海派で太子党の習近平を抜擢したのだ。

習近平はながらく浙江省書記、いきなり上海市書記に抜擢され、短期間つとめたあと、さらに二段跳びで中央政治局常務委員に加わった。この超優遇の背後に江沢民、曽慶紅がいたことは明らかだ。

突然のダークホースの出現にたじろいだ胡錦濤は「軍事委員会副主任」のポストをなかなか習近平に与えなかった。軍を動かせないポストのまま習を北京五輪の責任者とした。もし五輪が失敗したら習に責任を取らせ上海派と太子党をコーナーへ追い込む計算があったからだ。

こうした文脈から習は意図的に目立とうとせず北京五輪ではバイプレーヤーに徹した。ブッシュ大統領、プーチン、サルコジなど、胡錦濤が表舞台で世界の指導者と会見したが、習近平はブッシュ大統領とは個別会談をもち、ついで金永南・北朝鮮代表と静かに面談した。カタール大統領、ケニア大統領、イラン大統領らとも個別に面談し、歓迎会ではメインのテーブルを避けてモンゴル、スイスの元首らと同席だった。また「太子党」ということでベルギー、デンマーク、オランダ、スペイン、タイ、トンガの王室と面会し「王室外交」を繰り広げた。

しかも習は外交の見せ場の写真を人民日報に掲載させず目立たない役割を演じきった。巧妙に政界遊泳をつづけたので、習近平は人心の収攬に長けていると言われた。

スキャンダルを表面化させないように努力したため、この習近平の沈黙期間を狙って、重慶の薄熙来、広東の汪洋らがスポットライトを浴びた。国際金融では王岐山らが中国の顔と言われた。習はだまって耐え、娘の米国行きは秘密裏にことを進めた。

また同時期には習近平の事実上の保護者でもある江沢民の入院、危篤説がくりかえし情報筋に流れたが、同年10月9日、北京人民大会堂で開催された孫文辛亥革命一〇〇周年記念式典に江沢民前主席が登壇した。

このように重要会議に存在を見せつけるという「演技」は中国伝来の「官場政治」の典型である。京劇で言うクライマックスだ。

これで習近平の次期後継が再確認されるかたちとなった。式典には政治局常務委員9名全員が出席したが、「死んだはずだよ、お富さん」の江沢民の突然の復活劇は次の権力闘争の予測をややこしくした。一番のあおりを食らったのが次期政治局常務委員入り確実と言われた薄熙来（重慶市書記、前商務部長、元遼寧省長）だったのだ。

そしてこのドラマの激変が半年後、薄の失脚へと繋がる。

薄熙来は前述したように重慶で古参幹部とマフィアを一斉に手入れして国民の人気を博したものの共産党内では嫌われ者だった。「だれもが薄を嫌った」(『ヘラルド・トリビューン』、2012年5月10日)。薄は劣勢挽回をねらって毛沢東の巨像を重慶に建立し、「毛沢東の精神に還ろう」と精神主義と左翼思想の復権を訴えた。貧困層や学生、インテリに受けたが党幹部からはそっぽを向かれ、直後から政治局入りは絶望的と噂された。「重慶モデル」を成功させたとして騒がれた薄熙来のライバルは団派のライジング・スター=汪洋(広東省書記)で、どちらが次期政治局常務委員になるかと騒がれた。

ライバルは何をしていたか?

香港の有力紙『明報』は尖閣諸島衝突問題に言及し、「結局、中国があまりに驕慢だったため、日米両国の同盟をかえって深化させ、中国を非友好国としてあつかいさせ始めた。これは中国の『外交的失敗だった』」とする時殷弘教授の談話を掲載した。

「中国外交の失敗」とする林華保もコラムを掲げたが、前者の時殷弘は中国人民大学アメリカ研究センター主任、林華保は有名なコラムニストで中国語圏には影響力が強い。言論人らは決して反日ではなく、きわめて冷静に外交をみており、また北京の共産党トップを冷徹に批判するが、こうした声はちゃんと北京中枢にも届いている。それほど中国の情報空間も様変わりをしているのである。

驚くことに「次の首相として誰がふさわしいか?」と問うと、欧米が注目するのは王岐山（副首相）であって李克強ではない。

日本は李克強が知日派であり、かつては小沢一郎の自宅にホームステイをした経験からも次期首相としての活躍を期待するが、経済方面での活躍を期待する欧米は、李克強の行政能力に疑問符をつける。

２０１０年にソウルでのG20会議を終えたガイトナー米財務長官が韓国からの帰路、突如、南下して山東省青島の飛行場へ飛んだ。同年10月23日の日曜日だった。青島空港でガイトナーを待ち受けていたのはカウンターパートの財務大臣でも、李克強副首相でもなく、王岐山（副首相）だった。

このときも次期首相最有力といわれた李克強の影は薄く、消息筋はリリーフ首相に王岐山説が浮上したという噂で持ちきりとなった。なぜなら王岐山のほうが断然、経済ならびに金融政策にあかるく欧米の金融関係者のあいだで高い評価があるからだ。２０１２年５月に北京で開催された「日中韓サミット」でも中国側を代表して発言したのは王岐山だった。

王岐山は太子党で姚依林元副首相の女婿。経済にめっぽう明るく過去数年とくにガイトナーが米財務長官となってからは毎回訪中のつど、中国の財務大臣、中央銀行総裁をさしおいて王副首相が対応した。ヒラリー・クリントン国務長官が訪中時も外相の頭越しに王岐山がでてきた。２０１２年5月、やはり北京で開催された「米中戦略対話」の席でもヒラリーと王岐山が並んでいたが、李克強の姿はどこにもなかった。

王岐山は政治局員だから現在のヒエラルキーでトップ25のなかに入る。つぎに政治局常務委員会入りするのは確実とみられるが、もっぱら金融畑を歩き、人民銀行副行長、中国建設銀行行長から広東省副省長、海南省党書記を歴任した。

王岐山には「消防士」の渾名をもつほどの危機管理能力があり、２００３年のSARS騒ぎのおり、北京市長辞任を受けて、世界的パンデミック（伝染病）の処理をこなし、北京市長のリリーフをつとめた。爾来、政治家としておおいに認められる。それまでは金融専門家、エコノミストとしてしか評価されていなかった。北京五輪準備の土壇場でも責任者として対応、上海万博の準備がおくれたときもリリーフとして陣頭指揮した。

ということは李克強とて、次期首相就任は確実ではあっても決定的とは言えないのである。

第18回党大会までにまだまだ党中枢では紆余曲折が予想されるのは、経済がガタガタに悪化した場合、直接、経済政策の陣頭指揮を執る立場は首相だからである。

とはいえ習近平の最大のライバル、正面の政敵は李克強であることに変わりはない。習は太子党の利益代弁者であり、同時に共産党の利権をまもる守護神でもなければならず、政権の運営には政敵「団派」の協力が必要である。

2008年8月8日の北京五輪開会式の時、2人は貴賓席で隣り合わせ、ずっと顔を背けあっていたのは語り草である。

李克強（副首相）は2011年10月23日に平壌を訪問した。このとき同行者のなかには中国開発銀行会長の陳元、外務次官の張志軍ら80名。金正日と会談したあと工業地帯、とくに中国企業の対北朝鮮投資先プロジェクト現場を見て回った。

李克強は2010年5月の金正日訪中時、遼寧省の丹東まで将軍様の「お迎え」に出むき、黒塗り特別車両を先導して大連まで案内した〝実績〟がある。同年秋の将軍様の訪中時には、胡錦濤がわざわざ長春へ飛んで会談した経緯もある。

習近平も副主席として初の外遊は北朝鮮だった。

北京の外交観測筋は李克強の突然の訪朝を「協力関係の強化」と「六者協議再開への条

件模索」としたが、在米華字紙『多維新聞網』などは「朝鮮半島非核化への地ならし」と観た。理由は「李は訪朝後、直ちに韓国へ向かったから」。実際に李副首相は平壌から一度、北京へ帰国し、翌日、ソウルを訪問するという離れ業を演じた。

李克強は直前にも香港を重点的に訪問したばかりで、香港の金融筋と中国の金融条件、銀行システムの改革などで濃密な話し合いをしている。これが後日の香港政変（行政長官選挙は江沢民派を破って共青団の推す梁振英が逆転した）に繋がった。

この間、習近平はバイデン米副大統領訪中に同行し四川省まで案内していた。習は香港における利権獲得に遅れをとった。

李克強の訪朝は対外的には外交デビューに映るかもしれないが、実質的には経済分野のテコ入れ、とくに利権の確保とみると分かりやすいだろう。北朝鮮と中国の貿易は前年比の2倍近くに膨張しており、港湾開発やインフラ整備に中国企業が大挙進出している。羅津へのハイウェイも完備、日本海側への鉄道ルートも完成間近。こうなると、次の経済協力関係強化には血脈となる金融が欠かせない。銀行関係者の同行がそのことを示唆している。つまり李克強は一方で経済政策の主導権確保を王岐山と争っていたのである。

鉄道権益を巡っても既得権益組で軍に強いコネが利く上海派と、鉄道利権からは遠い団派とが激しく衝突した。

鉄道はもともと軍事輸送優先という中国の宿痾のようなマイナスの伝統を引きずっており、言葉を換えて言えば鉄道利権を牛耳る軍部をどちらの派閥が従えるかの闘争でもある。

太子党を象徴した薄熙来

薄熙来は文革で下放されて辛酸をなめたが、名誉回復後はトントン拍子に大連市市長、遼寧省省長、その後、江沢民にとりいって商務大臣を経て重慶市書記となった。重慶はその昔、蒋介石が都を置いた河川交通の要衝。重化学工業都市にして人口3千万人。

薄は重慶市書記として赴任するや旧勢力をばさばさと斬り捨て、マフィアを退治して、この街の利権に染まっていた汚職幹部等を追放しボスら13名を処刑したことは述べた。

重慶庶民は大喝采。これぞ大岡越前守（中国版でいえば「包公」の再来か）。ついで薄熙来がやったことは毛沢東の巨大な銅像をおったてて「赤に還ろう」（つまり革命精神に還ろう、質素な生活をしよう）と訴え、これまた権力や利権から落ちこぼれた学者や学生、庶民の喝采を浴びた。この時期、筆者は3回ほど重慶を訪れているが、市内ど真ん中の公園でたしかに歌声集会が開かれてはいたが、どことなくぎこちなく、強制動員のせいか参加者はお互いが監視しあうシステム、また共産党の輝かしい歴史を展示したパネルには誰も見学者がいなかった。それが庶民の率直な反応だった。

薄のキャンペーンが面白くないのは党中央。それでなくとも出来もしない「改革」「民主化」を獅子吼して、庶民からは「温翁」と持ち上げられ期待される温家宝首相の人気の陰で、事実上、党中央は温首相を疎んじている。民主化をいう温家宝が邪魔で鬱陶しいのに、そのうえ毛沢東に還れなどとご託を並べた薄煕来となると、もはや上層部の団結を乱す邪魔者という認識になる。

共産党の特権をまもるためには迷惑千万なのだ。「紅色貴族」は、未来永劫権力を維持したいからで、その方向に動く習近平こそは、彼らの期待である。したがって鄧小平が胡耀邦と趙紫陽を斬ったように薄排除という政変は予感されていた。

薄煕来には危険な権力闘争の賭けにでている自覚があった。彼は党中央政治局のなかではトップランク、そのうえの常務委員は9人しかいない。

政治局常務委員の9名は2012年4月現在の配分から言うと「上海派 vs 団派 vs 太子党の連立政権」。だが実態はすでに江沢民の政治力後退により、「五胡四海」と言われた。色分けしてみれば、5人が胡錦濤派、4人が上海派（発足当時は6人が上海派で胡錦濤派は3名しかいない少数派だったが、現職の強みで徐々に勢力を扶植してきた）。

したがって三三三配分後は習近平の腕次第で「習五、李四」と逆転関係にもなりうる。

共青団（団派）は次期首相に有力な李克強、諸政策に辣腕をふるう李源潮、そして広東省書記の汪洋が政治局常務委員入りするのは確実な情勢である。「太子党」からは次期総書記兼任国家主席に確定的な習近平、財務金融に強い王岐山（副首相）。もう1席を薄熙来が熱烈に狙っていたのである。

米国の駐北京大使だったジョン・ハンツマンが共和党大統領予備選出馬のため離任したあと、北京駐在米大使には中国系アメリカ人の駱家輝（ゲイリー・ロック）が就任した。

この駱大使は北京で主要指導者に面会後、２０１１年11月２日に広東省広州へ飛んで共青団のライジング・スターといわれる汪洋（広東省書記）と会った。汪洋は中国一富裕層の多い広州を基盤に、反政府抗議集会やデモをソフトに黙認するなど、民主化のポーズも忘れない。

つぎに米大使は11月22日には重慶へおもむき、「唱紅打黒」を主唱する薄と面談したのだ。長身の薄熙来より頭ひとつ背の低い駱大使は、そのうえ中国系にもかかわらず中国語を喋れない。薄書記が米大使を睥睨するかのような写真が中国のメディアに配信された。「唱紅打黒」を唱え、犯罪組織を撲滅し、諸改革を軌道にのせ、毛沢東精神に帰れと獅子吼した指導者に米国大使が興味を引かれての重慶訪問は当然であろう。

放蕩息子や贅沢三昧の娘たちが時代を背負えるのか？

創業三代でお家や会社が潰れることはよくある。

信長は二代続かず、秀吉も三代目がおらず、徳川はこの伝から三代目の教育に、とくに留意した。家康は子だくさんのなかから家光を選び、その乳母に最適の女性（春日局）を選抜してあてた。だから徳川は十五代続いた。中国で山岡荘八『徳川家康』は全巻が翻訳され、大ロングセラーになっている事実はなにを物語るか。

２０１２年４月１日、海南省のボーアオで開催されていた「アジア経済フォーラム」（ダボス会議をまねて毎年、海南島で開催。これまでにも中曽根、小泉らが参加し、２０１２年の日本側代表は福田康夫だった）の前夜祭的な青年指導者円卓会議で「幸福」について道徳論議を交えて講演した著名な中国人女性がいた。

「射幸心は欲望が根源であり、欲望は人を幸福にするより不幸にする。モノを重視し、酒池肉林の欲望の世界から脱し、腐敗をなくさなければ屍をさらすことになる。われわれは欲望を抑え、倹約を励行し、道徳を守ることを国論にして、健康的な生活を送るべきだ」とのたまわった（要旨を『博訊新聞網』２０１２年４月３日から拙訳）。

講演した主は李小琳（中国電力投資集団公司ＣＥＯ）。言うまでもなく三代目である。周恩来の養子＝李鵬元首相の長女である。李鵬が現職の頃、23歳で原子力機関の副主任におさまった。時折、黒塗りの大きなリムジンで香港の有名ブティックにのりつけ、ボディガードを従えて山のようなショッピングをしている現場を香港のメディアにパパラッチされた。肝心のボーアオ会議では李克強副首相が基調演説、ゼーリック世銀総裁、周小川・中国人民銀行総裁、マリオ・モンティ伊首相らが参加した。

その本会議のことはそっちのけで、ネットには無数の李小琳批判が出た。

その典型をひとつ。「『暴富（太子党の金持ちを指す）』が幸福だの道徳だのを他人様に説く？　万元の衣服に身を包み、数十万元の時計をはめて、数千万元の豪邸に住み、数百万元の外国車に乗っている人が道徳をとくなんておこがましくもありチャンチャラおかしい」。

このボーアオ会議の直前、北京で目撃された情報によれば、「43歳におなりの彼女がおめしの御洋服は1万4千元の最新のエミリオ・プッチで御座いました」（同紙）。1万4千元は20万円弱。エミリオ・プッチ〈Emilio Pucci〉は日本でも三越、伊勢丹などに10数店舗を展開する高級ブティックで、本社はイタリアのフィレンツェ。ただし李小琳はこれらの贅沢に関して記者らの質問に「努力よ、わたしがこつこつ努力した結果」と答えている

（『多維新聞網』、２０１２年4月24日）。

同様な三代目のお粗末話はまだ続く。

薄熙来の息子の薄瓜瓜は放蕩どら息子として知られ、北京の米大使館にフェラーリで乗り付けたときには黒いタキシードを着ていた。当時、まだ大使の座にいたハンツマンの娘と晩餐の約束があった。「あれが『毛沢東精神に還れ』とほざく薄熙来の放蕩息子様か」とする批判がネットに流れ出た。

それでなくとも太子党の評判はすこぶる悪い。ある将軍の息子は15歳で無免許運転で事故を起こし、住民が騒ぐと「オレの親父は◎◎将軍ぞ」と怒鳴り、その場は収まったものの、フェイスブック、ツイッターを通して醜聞がひろくばらまかれた。結果、この事故息子は懲役1年の実刑を食らったという（『博訊新聞網』、２０１１年11月27日）。

曽慶紅（前国家副主席）の息子はオーストラリアに３２４０万ドルもする豪邸を購入したことは前述したが、その邸宅の目の前は港湾、自宅庭にプールが２つ。曽慶紅自身、曽山の息子だから、これも三代目である。

このように太子党は親の七光り、祖父の分も加えると十四光り組もおり、国有企業の大幹部になるか、ビジネスに熱中して膨大なカネを儲ける。不動産価格をつり上げたり高利貸しをマフィアと組んだり、大王製紙三代目の豪遊と同じような遊びも豪快。側室、愛人は何人もいるが、何人抱えられるかという競争まであるそうな。

「太子党」のなかで、やや例外的なのは服飾デザイナーになった万里元副主席の孫娘。葉剣英の孫娘、葉明子もファッション雑誌『ヴォーグ』のデザイナーをしている。

ともかくこの程度の放蕩息子、娘らが「次の次」の指導者になるわけだが、しかしその頃、共産党独裁は潰えているのではないか。リビアのカダフィが最後には無惨に殺害されたように。

そういえば北朝鮮と中国ではカダフィの死体映像は流されなかった。

汪洋の場合

一時期、なぜかメディアの多くが「薄熙来のライバル」と呼んだのは広東省書記の汪洋である。

汪洋は団派。共青団のあつい支持の下、胡錦濤、李克強は過去5年間に一度も重慶の視察には行かなかったが、広東省には足繁く赴き「経済発展のモデル」、「広東の遣り方を見習おう」と礼賛した。実際に広州市のひとりあたりのGDPは1万ドルを超えた。

だから薄失脚の後、汪洋には〝我が世の春〟がくるはずだった。

かつて広州は「全国のモデル」と言われ、広東省の熱銭は中国人全体のあこがれの的、多くの出稼ぎが広東へ流れ込んだ。

広州のまわりにはトヨタ、ホンダが進出し、下請け孫請けの部品メーカーはどっと広州郊外へ進出したため一大生産センターと化し、物価は跳ね上がり、人件費は高騰し、電機、電子部品、精密機械部品などのメーカーも蝟集したため、すごい繁栄がもたらされた。

この経済成長はたまたまの僥倖であり、広東省書記の汪洋の個人的力量とは無縁である。ところが汪洋は「富の分配」も重要とばかり、「改革」と叫びながら、じつは高級官吏の増産に勤しむ。広東省副省長が10名。なかでも序列第3位の副省長に部下の朱小丹を充て、さらには仏山市の一局に19名の「副局長」と7名の「常任副局長」を置くなど、人事面での大盤振る舞いをやらかした。

古参幹部からの突き上げもあって党内での人気を高めたかったのだろう。

深圳では香港と繋がる羅府区のとなり、急発展の福田区を市政府と官庁街にしたが、まわりには五つ星ホテルばかりの建築許可を出した。結果、五つ星ホテルが乱立し、摩天楼こそ壮観を究めるが稼働率は5～30%しかない。要するに造り過ぎである。深圳はビジネス客の出張こそ多いが観光資源が希薄なため観光客が来ないからだ。

他方、深圳は人口がいまでは１４５０万人！（戸籍人口で北京を抜いている。広州の正

式戸籍人口は７４０万、香港は７９０万）

２０１１年７月の新幹線事故で、まっさきにあおりを食ったのは深圳—広州を繋ぐ新幹線の開業が遅らされたことだった。２０１１年８月開業が２回も延期され、ようやく同年師走に開業した。だが、深圳北駅止まりで羅府には直結しておらず、予定されている香港への新幹線乗り入れは計画倒れに終わるのではないかと囁かれ始めた。

広東の景気が暗雲に覆われたかのように急に陰った。

輸出のおちこみは華南全体で20％程度、俄然、失業が広がり、マンションは売れ残り、治安は悪化する。深圳の不動産斡旋業だけで20万人が解雇された。取引が薄く、値引きもほどほどにしても客足は遠のいた。深圳市内のタクシーは空車ばかり、日本の惨状に似ている。手を挙げると3台ほどが駆け寄ってきそう。

加えて広東省には「三大汚染」がある。

火力発電の乱立による大気汚染、鉛中毒、光化学スモッグ。河川の汚染により飲料水が払底し、くわえて原因不明の害虫やウィルスによる食中毒など。思い出されたい。10年ほど前に沖縄に上陸した「広東住血線虫」というのは遠くマダガスカルから広東に運ばれ、これは鼠から排泄されたナメクジの一種だが、幼女が犠牲になった。

河川の汚染や不潔な動物養殖、工場の廃液、火力発電などが原因である。

「経済繁栄は過去の話になった。景気が下降方向にあるときに高級官僚を無駄に増やし、景気が悪化方向にあるというのに歳入より多い歳出。しかも創出されたプロジェクトはうまく行かず、ユニバーシアード（2012年夏、深圳で開催）、2010年のアジア大会（広州）のためにとあちこちに施設を造り、それらは廃墟と化しつつある。汪洋のとなえた『広東モデル』も挫折の季節だ」と批判が渦巻いている。

薄熙来の「重慶モデル」に勝ったはずの汪洋が推進した「広東モデル」にも限界が見えた。汪洋の常務委入りは難しいと囁かれる。

そしてぐらりと舞台は暗転した。

第二章　薄熙来の失脚が意味すること――太子党vs団派の暗闘

狡兎死して走狗煮らる

２０１２年２月初旬のことである。

「王立軍」はアニメの題名ではない、実在の公安担当、当時は重慶市副市長兼公安局長。中央の政変のきっかけを結果的に作ったキーパーソンである。

微妙な時期だった。秋の第18回党大会を前に誰が中枢入りするか。汪洋か、王岐山か、あるいは薄熙来か、全員か。李克強が次期首相、習近平が次期総書記になり、よほどのことでもない限り逆転はないとされた。とくに李克強では頼りないため、経済危機が深刻化した場合は王岐山副首相がリリーフで暫定首相に就くという観測が消えた訳でもなく、汪洋（広東省書記）が広東省の北東部、陸豊市烏坎《ウカン》村の「民主選挙」騒動に妥協的に収束したことで北京中央から睨まれたわけでもなかった。

温家宝首相は党内民主化、党改革を叫び続け国際的に人気が高いが、党内では鼻つまみとなって孤立していた。

党の上層部は民主化など望んでおらず、欧米にこびるような言動を不愉快と総括するのも当然といえば当然である。欧州経済が危機に陥ったとき、中国経済も被害を受けるため「ユーロ救済に協力するべきだ」と温首相が叫べども権力中枢はそっぽを向いたままだった。

この文脈からいえば「唱紅打黒」（毛沢東の原点にもどり、腐敗を追放せよ）と叫んだ重慶市書記の薄熙来は胡錦濤執行部にとって薄気味悪いほど不気味な存在だった。うとましき野心家にしか映らなかった。

高級幹部らのホンネは中国共産党の独裁がいつまでも永続し、自分たちの手に入れた特権が子々孫々に保障されることであり、そのためには「維持会長」の異名をとる習近平が次期指導者にふさわしい。問題を起こしそうな「改革」を叫ぶ温家宝も、「毛沢東に還れ」と獅子吼する薄熙来も、そうした文脈から言えば邪魔な政治的存在である。

軍にあっても国軍化はタブーであり、それを公言する軍人は遠ざけられた。

さて重慶におけるマフィア退治の陰の主役、つまり重慶市公安局長として薄熙来とともに重慶に落下傘降下してきた「打黒英雄」は王立軍だ。この男がいなければマフィア退治など出来なかったのだ。

２０１２年2月2日だった。重慶市党委員会は「王立軍の党副書記兼公安局長の任を解き、重慶市副市長として教育方面の担当に専念する」と発表した。たちまちにして、この人事は全中国の話題となった。

第一は降格人事説。地元有力者の恨みを買い、中央の権力中枢に不快感を与えたからとするもの。第二は通常のルーティンによる交替説。第三は団派が巻き返し、終局的には「太子党」の象徴的存在でもある薄熙来の基盤を脆弱化させる裏の目的があるとする説。第四は嫉妬による太子党の内ゲバの擬劇説等々。

事件直後にある週刊誌の編集長から電話をもらい「宮崎さん、王立軍って何人ですか?」、「軍隊ではなく人の名前ですよ」という会話があった。

にわかに浮上した「中国の鬼平」＝王立軍は快刀乱麻の快男児と思われた。王立軍は漢族ではなくモンゴル族。１９５９年生まれ。父親は鉄道の工員。母親は紡績工場で働いた。モンゴルの名前はウォンィパテール（太陽の英雄を意味する）。子供時代から学問好きで武道好き、少林寺拳法をならう。まさに文武両道（中国語では「文武双全」という）。一方で絵画の趣味もあり特許もたくさん保有した。

１９７７年に軍隊へ。除隊後は警官に志願して公安畑を歩んだ。87年にはやくも派出所所長に抜擢され、赴任地で3年間に１６００名の不良分子を逮捕した実績がある。遼寧省鉄嶺市の公安副局長、錦州市公安局長の間にも犯罪取り締まりに全力を尽くしてマフィア退治に成功し、不評だった警察の評価を高めた。なにしろ犯行現場にまっさきに駆けつけ、凶暴なマフィアとの乱闘、戦闘におじけづくことなく負傷20ヶ所、生死のあいだをさまよって10日間も意識不明だったという武勇伝がある。

この王立軍に目をつけたのが当時、遼寧省省長をしていた薄熙来だった。

２００７年、薄が重慶市書記として赴任するや、右腕として王立軍を呼び寄せ、いきなり重慶市公安局長兼党副書記とした。それに従った王立軍は、まさに薄の次の出世にかけた忠臣＝関羽のごとし。

重慶でのマフィアならびに腐敗幹部一斉粛清で逮捕したマフィアは１５００名を超えるが、このうち13名が死刑となり、押収したカネは２００万元。ついでにマフィアに便宜をはかってきた市幹部19名も同時に一網打尽とした。だから王立軍には「中国版　鬼の平蔵」こと、「打黒英雄」という称号がついた。

重慶にはびこったマフィア、腐敗幹部を一網打尽にした功績は庶民から喝采され、共産党幹部からは畏怖された。

薄はこれらの「実績」をバックに第18回党大会で中央政治局常務委員会入りする野心に溢れていた。それも下馬評では「うまく潜り込めても序列第8位の賀国強の後釜」と言われたが、「オレ様が8位だと。冗談を言うな」と息まいていた。


舞台は突如、暗転した。

王立軍が同市公安局長のポストを解かれたのが2月2日、そして7日に「長期休暇」に入ったと重慶市スポークスマンがアナウンスした。理由を「長年の過労による極度の緊張で体調を崩したため治療に専念する」としたが、中国のネット世論は一斉に「失脚」と解釈した。中国最大のブログ「微博」サイトには王立軍の米国亡命失敗という噂が広まった。

事実経過は次のようだった。

2月6日深夜から四川省成都、米国総領事館付近は異様な緊張に包まれ、夥しいパトカーが総領事館付近に配置され、ものものしい警官隊が総領事館を囲んだため王立軍は総領事館で亡命を申請したが断られたのでは？　とする噂となった。噂は本当だった。

黄奇帆（重慶市長）が緊急に70台のパトカーを成都の米国総領事館周辺に派遣させたのだ。重慶から成都は330キロ離れている。

とんちんかんにも『多維新聞網』（2月8日）は「おりからチベット僧侶の焼身自殺が連続して四川省は騒然としており、警戒を強めている一環だろう」と分析したが、「腐敗分子追放以後、敵のいなくなった重慶で、やりたい放題の汚職、腐敗をやったのは薄熙来であり、海外への資産移動や放蕩息子のハーバード留学など、かずかずの汚点が指摘されている。その右腕だった王立軍自身も腐敗の共犯だった噂が絶えず、喬石ら元老は『その後、重慶の治安が悪化しており、王立軍の退陣を要求』していた」という歪んだ報道をしていた。後日判明したことは長老の喬石らが胡錦濤に対して、薄熙来一派の「悪徳政治」の調査を要請していたのだ。

王立軍は薄夫人である谷開来の殺人事件関与の証拠をつかみ、それに激怒した薄がいきなり王の解任を命じた。同時に英国人の変死捜査をしていた王立軍チームの11名を拘束し、うち2名が撲殺され、1名が拷問に耐えきれず自殺していた。王立軍は「つぎはオレか」と恐れ、薄熙来の数々の悪行を証拠立てる書類やビデオを持って330キロ離れた成都の米国総領事館へ駆け込んだのだ。

行政区が異なり、知り合いがいないため僚友で成都の公安局長をしていた王鵬来を頼って成都の米国総領事館へ入った。

王立軍にとってはタイミングが悪かった。

1週間後に習近平が訪米する政治日程だった。『ウォールストリート・ジャーナル』は「習近平の訪米直前に政治スタイルのまったく異なる太子党の薄熙来がポピュリズム重視の新しい政治スタイルで重慶市民の圧倒的支持をえていることに何らかの関係がある」とやや善人的な分析を展開した（2月9日）。

同じ日に明るみに出た報道は、江沢民の父親が日本特務機関協力者だったという過去をあばいた歴史学者の呂加平が、「国家政権転覆扇動罪」で懲役10年の判決が秘密裁判で出され服役しているという事実だった。

習近平が次期総書記兼国家主席に確実視されるのも江沢民派が推挙し、上海派と太子党が連合した人事抗争の結果であり、習は訪米の最終準備にはいった。

王立軍は米国総領事館で36時間を過ごし、領事館員と黄市長に説得されて総領事館の外へ「自発的」に出た。身柄は重慶市公安局ではなく北京から派遣された中央紀律検査委員会のGメンらに引き渡され、そのまま北京へ連行された。

その後、王立軍は公式発表では「長期休暇」に入ったが、これは異例の措置、そもそも権力闘争の舞台中枢にある人間が、ちょっと休みがとれるほど「中国三国志」の世界は現在でもヤワではない。問題は、誰が王立軍が米国総領事館へ「相談にいった」ことを北京中枢に通報したのか。

米国大使館が北京の外交部へ連絡したのが最初で、これが外交部から権力中枢、常務委員会法規委員会へとリレーで連絡され、ついで9人の常務委員秘書へそれぞれ通知されたという。中央政治局の常務委員会政法関係の責任者は周永康（江沢民派）であり、しかも周は薄と大の仲良し、政治同盟を組んでいた。周は胡錦濤ではなくボスの江沢民に伝えた。

薄熙来は黄奇帆（重慶市長）に連絡を取って成都の米国総領事館へ警備を急派するよう要請し、自らも代理人を急遽、成都へ送りこんだ。この時点で薄と右腕の王立軍とはすでに対立関係に陥っていた事実がようやく明瞭となる。

一部のネットには「蔣介石と杜月笙のように薄熙来と王立軍の関係は似ている」と説く者がでた。杜月笙は蔣介石黄金時代、上海のマフィアの親玉にして、テロリストの黒幕、そして蔣介石の右腕だった。杜月笙も乱暴に金を稼ぐうえ腐敗も激しく、蔣介石につぐほどの財宝を隠匿した。いまも上海へ行くと杜の第二夫人、第三夫人の大妾宅が一等地にあって豪華ホテルにばけていたり、豪華レストランになっていて、壮大な庭園をみただけでも、どれほどの蓄財をなしたかが偲ばれる。その杜月笙に比べれば王立軍がたとい不正蓄財をしていたにせよ、可愛い程度のものだろう。

いや王立軍は清廉潔白でアイディアマンだったのだ。警察装備、テロ対策設備、装甲車など彼がおさえていた特許（中国語でパテントは「専利」）は150もあり、なかでもヒットは赤いレインコート。婦人警官用だが、おしゃれなうえ軽量。好評だった。以下も王立軍の保有する特許。重慶市の武装警察、公安の装備、制服ならびに携行備品から装甲車にいたるまで2010年の予算は26億8千万元（邦貨換算350億円弱）の巨額にのぼった。失脚直前の2012年1月に成立した王立軍の特許はテロ対策用装甲車（クロスカントリー式）だった。

これら多くのパテントは王立軍が遼寧省錦州の公安局長時代に取得した特許である。重慶のマフィアを退治した武闘派であった王立軍は同時に頭脳も明晰だったようで、中国はひょっとして優秀な人材を失ったことになるのかも知れない。

さて最大のポイントは王立軍ではない。

この亡命未遂事件は内外のメディアが大きく報道したが、次期政治局常務委員を狙っていた薄熙来の政治生命が絶たれるかどうかに焦点は移行した。

古くは江沢民が政敵＝陳希同を葬った折も陳の副官だった王宝森・北京副市長は「自殺」した。陳希同は北京市書記にして古参幹部、上海からいきなり二段階特進でやってきた江沢民をバカにして、ことごとく彼に嫌がらせをした。

江沢民の右腕だった曽慶紅は鄧小平とはかり、北京の銀座と呼ばれるワンフーチン（王府井）開発で香港財閥に便宜を図り賄賂を取ったとして陳希同を逮捕し、懲役16年をプレゼントした。

陳希同は内モンゴル自治区の監獄に閉じこめられ、やがて北京の泰城監獄（刑務所の〝名門〟とされ伊藤律も江青も王洪文ら四人組もここにいた。一般刑事犯は収監されず、この監獄は政治犯専用、近く取り壊される）に移された。刑期があけて北京の自宅に療養監禁となったが、江沢民が生きている限り、自宅監禁のままであろう。

これはプーチン最大の政敵だったホドルコフスキーをでっち上げの脱税容疑で逮捕し、刑務所にぶち込んで、この間に彼の経営した大手石油メジャー「ユコス」を横取りしたロシアの権力闘争と酷似する。ユコスは解体され、KGB人脈（つまりクレムリン主流派）が急遽組織した新メジャー「ロスネフチ」傘下に吸収された。

２００６年、胡錦濤の政敵だった陳良宇（上海市書記）失脚は、頭でっかちで政治力のない共青団が、当時の権力中枢を牛耳った上海派の鼻をあかせたが、同時にばらばらだった上海派の利権グループを再度、結束させてしまい、下馬評にもなかった太子党のダークホース習近平が浮かび上がって胡錦濤の頼みの綱＝李克強の上を走り出し、次期総書記のポストが間違いなく転がり込むことになった。

かくして2011年2月、習近平が米国訪問でにこにこと愛敬を振りまき、米中関係の正常化を演出していたときに重慶は政治の嵐のまっただ中にあった。

王立軍が重慶のマフィアを一網打尽にして薄煕来の最大の政敵と目された文強（当時の重慶市司法局長）以下13名を処刑、その多くの裁判は所定の手続きを踏まれていないことが判明した（『ニューヨーク・タイムズ』、2月18日付け）。

これは「法に基づかない措置であり、専横である」と批判があがった。

また冤罪で連座した旧幹部の弁護士を拘束したが、そのうちの1人が彭真（元北京市書記、大幹部）の息子だったことも中央の評判を落とした。薄のやり過ぎと不法な措置に不満の声があがり、長老格の喬石らが胡錦濤に要望書をおくった経過は書いた。

薄煕来の人気が陰った。

重慶モデルは垂涎の的だったが

重慶特別市の人口3千万人のうち、2千万人に薄煕来は「都市戸籍」をあたえ、ベッドタウンを強圧的に建設して、近郊を農民へのレンタル・マンションだらけとした。

重慶の建設ブームはとどまるところを知らず、また成都―重慶間には新幹線が開通し、市内にはモノレール、地下鉄、橋梁の増設など、凄まじい発展ぶりを見せつけた。

この建設プロジェクトは借金によるもので、前書記だった汪洋時代から国家予算による開発費用は3兆円前後だったが、薄熙来は「向こう10年ほどの財政を先食いしてでも、建設を急げ」と呼号し、重慶市財政は「ギリシア並みか、もっと悪い」状態となった。

数ヶ月前まで習近平は薄の「大活躍」を仄聞しながらも、側近には「誰もがやろうとしてもやれないことを大胆におこなったのは薄熙来の個性だろう。政治的リアクションを考えたら党内に波風が立つことは必定であり、あの大胆さは、おそらく彼一人だろう」と発言したという（『ヘラルド・トリビューン』、2月18日付け）。

北京中枢はしずかに動き出した。

中国専門家の間には全貌が明らかにならない時点ではまだ薄への好意的分析が目立ち、たとえば薄熙来は「第二の高崗」になるのではという論評もあった。

高崗は中国共産革命直後の政治家で、途中で失脚し自殺した人物。陝西省出身で1927年に入党、陝西省、遼寧省を転戦し、軍の地位を確立し、やがて東北へ進出して「東北人民政府主席」となる。軍の司令を兼務し、文字通りに「東北覇王」と呼ばれ、独断専行政治をおこなって劉少奇と対立した。

毛沢東の左派路線に同調していたとみられ、劉少奇、周恩来と正面衝突、あまりにも激しく独自路線を突っ走るため党内分裂を引き起こし、1953年の政治局会議で毛沢東は名指しをしないまでも高崗批判に転じた。これで高崗の運命は逆旋回し、党内に孤立、批判が爆発したため1954年8月17日、大量の睡眠薬を飲んで自殺した。

かれは東北三省（旧満洲）を私物化しようとして、中央の指導にそむき党派党争をやめずセクト主義に走ったと強く批判され続けた。このあたりが薄と似ているというわけだ。

秘密の会話を録音

重慶市副市長兼公安局長だった王立軍は失脚前に薄熙来との会話を秘かに録音テープに収めていた。

その内容は衝撃的で、「9人の常務委員は頭が悪い、無能のあつまり」で、江沢民前主席は「慈嬉太后」、胡錦濤総書記は「漢献帝」。そして習近平・次期総書記兼国家主席は「劉阿闘」というニックネームを薄熙来はつけていた。

野心ぎらぎらで政治手腕を発揮した薄の本心が透けて見えるほどに意欲的かつ熱烈な権力亡者の一端を見せつける。

2007年に重慶に赴任して以来、薄熙来は既存の利権勢力を「腐敗分子」と言って取り調べ冤罪でもかまわず次々と失脚させ、大幹部で司法局長だった文強ら13名を処刑し庶民は喝采したことは述べたが、マフィアを退治したと賞賛された薄熙来の裏の顔は「中国最大の腐敗高官」だった。

海外に80億人民元（1千億円強）を隠し預金しており、大半を米国、カナダ、英国、フランスに分散していると王立軍は秘密文書を米国総領事館へ亡命の交換条件で持参した。

江沢民が「慈嬉太后」という意味は西太后を指す。同治帝が死去した後、妹の子供を光緒帝に擁立して宮廷の実権を握り、西太后は院政を敷いた。つまり江沢民が胡錦濤に対して院政を敷いてきた実態を示唆する。

また胡錦濤が「漢献帝」と比喩された理由は、後漢最後の皇帝は魏の曹操に操られ、やがて正室も謀殺され、曹操の娘を妻とした。曹操死後、息子の曹丕に皇帝の位を譲ることを余儀なくされて後漢は滅びた。「禅譲」という言葉は献帝が曹丕に位を譲ったことを起源とした。つまり胡錦濤が権力を掌握できないままの状態で政権末期を迎え、江沢民の恣意に突き動かされた。その程度の政治が胡錦濤政権だという身も蓋もない総括である。

習近平が「劉阿闘」という意味は蜀の初代皇帝劉備の子、劉禅をさす。劉備玄徳の死後二代皇帝となるが魏に敗れて投降、魏で安楽公に封じられて一生を終えた暗愚な人物を意味し、また「阿闘」は愚者をさす。習近平も気弱で暗愚な劉禅と同じ愚か者だと薄熙来はじつに凄まじいことを発言していたのだ。

こうした歴史上の比喩を薄熙来が本当になしたかどうかは不明だが（その録音テープが公開されることはないだろう）、絶妙の権力状況を的確に示してはいないか。

王立軍の後釜となって重慶市公安局長についたのは団派の関海祥だった。このため暫定的にでも次期重慶市書記には団派の「次の次」のライジング・スター＝周強（湖南省書記）を迎えるという噂がたった。この説を煎じ詰めると王立軍失脚による薄熙来の政治局常務委員入り阻止は団派の策略という前提に立っていることになる。

しかしあの政変は上海派と太子党が組んで、団派を巻き込んだ政争であったとみれば真相はまったく異なる。

まして「習近平の右腕が薄熙来だ」というへんてこな裏情報も飛び出したが、習近平にとって薄は先輩格でもあり煙たい存在であり、潜在的ライバル。失脚をむしろ歓迎していると考えるほうが理にかなっている。

ともかく王立軍逮捕から薄熙来失脚へのプロセスは折から開催中だった全人代と重なり、結論は全人代終了まで持ち越され、舞台裏で凄絶な暗闘が繰り広げられたのである。

２０１２年3月7日、全人代初日に温家宝首相は「今年度の経済成長率を7・5％、インフレ目標は４％」と言った（たぶん、この数字は逆の結果になる可能性が高い。すなわちGDP成長率は4%~5%台、インフレは7・5%以上。IMFも、中国のGDP成長率は4%台になるだろうと大幅な下方修正をした)。

全人代最終日の記者会見で爆弾発言が温家宝首相の口から飛び出した。「政治改革に失敗すれば中国はふたたび文革の悲劇に直面する」と党内の守旧派をあからさまに攻撃したうえで重慶市書記が繰り広げた「毛沢東万歳」「革命歌を唱え」というアナクロな政治キャンペーンを温家宝首相は明瞭に非難した。

「生産と分配が不公平であり、誠意と信頼を欠いており、経済改革はいくぶん進捗したかも知れないが、汚職と腐敗はなくならず、このため政治改革が遅れている。王立軍事件は厳格に取り調べる」とも発言した。

この間、重慶で実際には何が起きていたのか。

マフィアを懲らしめるはずの捜査はでっち上げが夥しく含まれていたことが明らかになった。しかも「重罪」となった多くは政敵ならびに政敵とビジネスをする豪商で最初から冤罪ストーリーは決まっており、拷問して嘘の自供をさせ、それをもとに関係者を連鎖で捕まえるという毛沢東の武力革命、人民裁判の非情な手口、陰惨な拷問とリンチ殺人という暗い時代を思い出させる。財産はすべて没収され、親兄弟親戚も刑務所送りとなり、財宝は山分けされた。これは山賊、匪賊の手口ではないか。そうだ、中国共産党は山賊、匪賊の類だが毛沢東の部隊はもっとも陰惨なリンチと殺人を好んだ。薄が唱えた「唱紅」＝「毛沢東に還れ」とは殺人と拷問と匪賊の強盗の奨励だったわけで、温家宝首相発言はその実態を暗示したのである。

結局、重慶の新書記には副首相の張徳江が充てられた。

発表は全人代終了翌日の3月15日で、薄解任発表と同時だった。張徳江は上海派であり、下馬評であった共青団からの任命は派閥均衡力学上の理由から排除された。

薄熙来失脚の闇

２０１２年4月9日夜から翌10日早朝にかけて北京では緊急会議が招集された。政治局常務委員全員が参加したが、「これほど緊急かつ大規模なトップ集合は珍しい」と言われた。そして4月10日夜、新華社は「薄熙来の政治局員、中央委員の職務を停止する」と公式に発表した。肩書きの剥奪でも除名でもなく「停止」という寛大な処分に留意する必要がある。

胡錦濤は緊急政治局会議で「薄事件を徹底的に調べることが『救党救国』になる」と言

明し、行政の末端にまで通達される。「国家」を救う前に「党」を救え、というわけである。露骨に現在の中国共産党トップのメンタリティがでている。習近平は薄政変でひとことの感想も漏らしていない。

そして『人民日報』は「団結」を強くよびかけてこう書いた。「党中央の決定は正しく、党の決定に沿って改革、開発、安全を維持し、そのために団結しなければならない」（4月11日付け）。『解放軍報』も右と同様なことを掲げた。

直後からアングラ情報が一斉に飛び出したが、めぼしいものを幾つか拾うと、

――薄の愛人は28名、なかには有名人が含まれる。

――英国人ニール・ヘイウッドの殺害は薄が直接命じ、秘書の張暁軍が実行したが、彼らはほかにも6人を謀殺している。

――重慶市南岸区党書記の夏澤良は副市長昇格をねがって薄に3千万元を贈ったほか、ヘイウッド毒殺のシアン化カリウムを調達した。夏によれば夫妻の賄賂は10億元の収入があり、薄は「狂人」で、「秦始皇帝、毛沢東、そして三番目は、このオレ様」と豪語していた。

――王立軍は薄夫人のスキャンダル捜査を実施中、王チームの11名が拘束され、そのうちの2名が撲殺、1名は自殺。周永康に捜査資料を渡したが握りつぶされ、薄の愛人との

密会現場をおさめたビデオを持参して米国総領事館へ駆け込んだ。

等々。

中国の新聞は嘘と宣伝しか書かないから民衆は独自のネットワークで真実に近い情報をやりとりするのである。

これは華僑の情報ネットワークの特色である。ときおり筆者が質問をうけるのは「華僑のネットワークは同時に情報網でもあるが、なぜあんなに強いのか?」というもので、解答は単純明快、官が都合のよい情報（これが官製の嘘）しか流さないからである。

したがって中国の官製報道は政治プロパガンダであり、党の利益しか考えておらず少しの真実もないことを知識人は知っている。だから権力がいう「デマ、流言、風説」とは「真実」が多く含まれる情報なのである。権力側はネット上で、これらの情報を時に徹底的に取り締まるためブログを閉鎖したりする。インターネットはすべて監視されており、電話は盗聴されており、自由な言論空間は存在しないという厳然たる事実を最初に理解しておかないと中国の政変劇の奥にある闇には近づけない。

また反政府系の組織やサークルばかりか、共産党の党内にあっても熾烈な権力闘争の展開の過程で政敵を貶めるためにおこなう複雑な情報操作が含まれている。

薄失脚という政変では薄を支持する党内左派、とりわけイデオローグらが左翼理論の信奉という文脈から過度に「薄熙来失脚は陰謀である」と騒ぎ立てた。その典型例が「ユートピア」という有名ブログだった。党は暫時閉鎖を命じた。「証拠もないのに噂を書くな」と公安部スポークスマンの武和平は言った。『解放軍報』（4月9日）はネットに飛びかう流言、とりわけ3月19日と同月31日に流れだした軍事クーデターの噂を重要視し、公安部と共同でネットに情報を流したとされる「犯人」6名を逮捕した（なかには著名ブロガーが含まれた）。

こうした経過をふまえ、「今後、情報空間の取り締まりには各機関協力体制が必要であり、新しい整合性が求められる」と呼びかけた。翌日の『人民日報』『環球時報』もこれにならい、「揺言、雑言」（デマ、風説）の取り締まり強化を主張した。

2012年4月1日、午後11時過ぎに重慶から湖北省の高速道路を搬送中だったトラックが高速道路警察によって臨検を受けた。積み荷は紅色のカートンに梱包された砲弾が1万2033発。

――えっ、クーデターでもやらかすつもりだったのか。

「もし薄熙来の失脚が林彪の反乱に酷似するなら、これは1949年以来最大の政変の一つになる」（『博訊新聞網』、4月6日）。

ところが運転手は「重慶の会社から請け負っただけで積み荷の中味は知らないし、吉林省まで運ぶ途中だった」と答えた。在米華字紙は一斉に「事件」を大きく伝えたが、なかでも注目は「吉林省」という目的地が「大連」行きを偽装していたのではないかとする推定記事。大連で次々と拘束されていた富豪や実業家らが薄一家と繋がっている関係から私的武装のためではないかと訝った人もでた。というのも薄熙来は大連市長を7年間務めた経緯があるからだ。後日、この武器搬送は軍のルーティン業務と判明し一件落着した。

大連コネクションは薄の市長時代から権力に癒着して肥大化した財閥等が中軸である。薄熙来の息子、薄瓜瓜の英国留学費用を援助した徐明（大連実徳集団社長）は薄失脚の日に大連で拘束され、また大連大洋制服社ＣＥＯの李某女史も3月20日に拘束されている。彼女は薄ファミリーに数千万元の「献金」をしていた。

就中、大富豪の徐明が率いる大連実徳集団は建材から化学薬品、輸送、保険などに進出した一大コングロマリット。３つの商業銀行、２つの保険会社も経営し、『フォーブス』で中国財閥第8位にランク入り、徐は遼寧省の田舎からでてきて学歴もなく成功した企業家でサッカーチームも持っている。そして薄夫人が事実上経営した北京の法律業務企業の大株主でもある。徐は各地に巨大なショッピングモールも建設し、ゴルフ場も建て、10数社のグループのうち、３社を株式上場させている。２０１１年には『フォーブス』で「中国大富豪」の第5位に輝き、資産は130億元と評価された。

この徐明は一時、温家宝首相の女婿ではないかと騒がれたが、『多維月刊』によれば同名の別人で温首相の娘、温如春の亭主は劉春航という。2人は米国留学中に知り合い、以後、夫君はJPモルガン銀行などを経て2006年に帰国し、現在中国銀行監査管理委員会研究局の責任者と言われる。

徐明は薄ファミリーの利権ネットワークのなかで最大の胴元。薄のどら息子のオックスフォード、ハーバード大学院の留学費用、豪遊費用の全ては徐明がまかなった。そもそも薄熙来の公式のサラリーは邦貨換算で月給12万4千円程度、どうやって海外留学費用を捻出できるだろう？

徐明は2002年に『フォーブス』（中国語版）の財閥ランキングに顔を出して以来、「フォーブスが選ぶ中国民間企業家十傑」にランキング入り、最高位は第5位だった。

徐明が保有した、2億元を投じた自家用飛行機は時速850キロ、航続距離4200キロを誇る「チャレンジャー850」（カナダのボンバルディア製）。この飛行機のインテリアはオバマ大統領の乗る「エアフォース・ワン」に似せて、執務室、バー、応接室、フィットネス施設があり、最大50名前後を乗せて空中パーティーも開けるという豪華ジェット機だが、徐明は、これを「特殊接待」に使った（12年5月にインドネシアで事故を起こし、

50名が死亡した、かのロシア機〈ビジネスジェット機〉は、この猿まね)。「紅楼」の空中版では有名女優、女子大生、看護婦、女優の卵などを侍らせ、高官らを特別接待。ある中国のブログによれば、「100名の女性を徐明は薄熙来とも〝共有〟した間柄だ。その上、拘束される直前に徐明はシンガポールから香港経由、北京へ入り、陪席させた某有名女優に850万元を支払った」そうな(『博訊新聞網』、5月9日)。

薄熙来の権力を笠にきての利権で太った同社は、すでに徐明社長が3月15日の薄失脚と同時に拘束され、尋問を受けていたことはわかっていたが、社業は運転資金が続かずに突如、停滞。各地のプロジェクトが頓挫しており、5週間後に倒産した。

薄ファミリーの汚職、破廉恥な殺人事件などの陰に隠れたが、最大の政敵だった温家宝にも悪い噂がまとわりついていて、最新情報に拠れば息子の温雲松(ノースウエスタン大学院でMBA)が「中国衛星通信」の社長に就任したことが判明、同社の株価は50%以上跳ね上がった。温家宝を強力に首相に推挽したのは朱鎔基前首相だが、その息子朱雲来は「中国国際投資公司」のCEOに就任していたことも判明した。李鵬のどら息子や娘の水利系、土木企業トップや、胡錦濤の息子のセキュリティ企業トップなど、あまたの共産党高官の、ほぼ全員が「太子党」利権のネットワークのなかで利権を享受している。

だから『タイム』（２０１２年5月14日号）が書いた。

「社会主義を標榜する中国共産党は、中国資本家官僚党と言うべきだろう」。

不動産ビジネスを展開

薄夫人の谷開来が王建林の会社の法律顧問として活躍した時期、薄が商務大臣であり、地方都市の大型ショッピングモールなどは商務部の管轄にあった。王の「大連房地産集団」は、この時期に飛躍して年商70億人民元、資産60億元、全中国28省30都市に不動産ビジネスを展開している。

王建林は4月9日、北京中南海で行われた中華慈善賞受賞式に参列し、「これまでの中国のチャリティ史上最大の寄付をした人物」として表彰されたという報道が流れた。王建林は２０１０年に南京の大報恩寺の再建事業にポンと10億元を寄付した。

王は１９５４年四川省生まれで遼寧大学を卒業し89年に大連で不動産ビジネスを開業したが、民間企業に党幹部や太子党、秘書党、あるいは「枕頭党」（高官の愛人となる）等のコネがない限り、こういう奇跡は生まれるはずもなく、太子党や高官への便宜供与、収賄などによってビジネス圏が拡大するのは中国では常識。大連実徳集団の徐明が薄瓜瓜の英国留学費用を丸抱えしていたように。

薄熙来排除によって共産党内部は安定したかと言えば、まだ党内秩序はがたがた、一部地方委員会は幹部連名で「周永康の停職」を求めている。

香港誌『開放』（2012年5月号）は、薄の朋友でともに政治結盟を誓った劉少奇の息子、劉源（陸軍大将）が、薄一波の密葬に家族のように出席するなど、あまりにも薄に近かったため、次期中枢入りはほぼ絶望的だろう、と予測した。一説に「毛沢東の再来」を自任してポピュリズムを気取った薄熙来が劉源と組んで軍を動かし、政変をおこして一気に政権を奪取するシナリオも存在したというが、デマの一種だろう。

他方、重慶のスラム街では貧困層が暴動を繰り返した。重慶市民は下層階級ほど「薄書記時代が良かった」と嘯く始末、首都北京でも景山公園では「紅歌集会」が連続的に開催され、市民が（多くはビジネス便乗を逃した『負け組』だが）あつまって毛沢東礼賛の革命歌を大声で歌い続ける。中南海に近い同公園ゆえに、歌は胡錦濤の耳にも達したか？

ハーバード大学ケネディ・スクールに留学していた息子の薄瓜瓜は薄失脚直後から姿を消したまま。逃亡直前に大学のネットに書き込んでいたのは「わたしは金銭スキャンダルと一切関係がない」だった。

ところが英紙『テレグラフ』等によれば、米国内に「瓜瓜科学技術有限公司」なる企業を設立しており、資本金が32万ドル、家庭教師だったニールと合名設立になっているという説もあるが、会社の登記者は張暁軍（薄家の執事、ニール殺害の実行犯）になっている。

薄の兄＝薄熙永は役員をかねていた香港の光大国際公司を退社した。弟の薄熙成（元北京市観光局長）と薄熙寧はホテル・チェーンの「六合興集団」の役員を務めていたが現在所在不明。また薄熙来にはほかにも3人の弟らがいるが、中国外務省（外交部）前アジア・アフリカ局勤務の外交官、大学の歴史学教授、医者という噂があるだけで具体的詳細は不明である。

香港で派手なビジネスを展開した薄夫人の姉たち

薄夫人の谷開来には4人の姉がいる。

彼女の父親は谷景生（元将軍）。長姉は谷望江、次姉は谷望寧、三姉は谷丹、四姉は谷ゼンシェ（音訳不明）。文革中、いずれも下放され辛酸をなめた。

家族の多くは改革開放後、香港へ出て手広くビジネスを拡大させ、経営に参画する企業の数は20数社と言われる。

とりわけ長姉の谷望江が海外に移転させた資産だけでも邦貨100億円（米ドルで1億

2600万ドル）という。この長姉・谷望江は64歳、別名を王江と名乗り、ビジネス界では女傑として君臨した。谷望江は製鉄、印刷、洋紙、パルプ、服飾、梱包材料、建材、保険など次々と商圏を拡大させてきた。このグループの旗艦となる持ち株会社は香港に登記されており、「喜多来ホールディングス社」（資本金は400万香港ドル＝邦貨4000万円）という。

次姉の谷望寧も経営に加わって同社では第3位の株主、望寧はほかに科学技術企業を独自に経営している。長姉は香港の永住許可証をもち、高級住宅地セントラルに居を構えている。

この姉2人は薄の金銭問題で取り調べを受けている。「水に落ちた犬を打て」の格言通り、失脚した政治家は親兄弟親戚までトコトン追及される伝統があり、再浮上は考えにくいだろう。

三姉の丹は、薄熙来の前妻（李丹宇）の兄と結婚している。四姉は国有企業の副書記。当局の調べでは薄一族が海外へ移転させた秘密資金は1千億円以上と推定されているが、他方、薄熙来が重慶に赴任以来の大建設ラッシュで重慶市政府が抱える負債は14兆円（1兆元）。

重慶市は「中国の夕張」どころか、「中国のギリシア」化しつつある。

リビア、チュニジアの転覆はネット情報から起きた

中国で最も人気のある若手作家、韓寒が薄熙来事件で発言した。

韓寒は作家だが同時にカーレーサー。まだ29歳、その才能は輝いて、デビュー作『三重門』は2百万部を売り、世界各国で翻訳もでた。『タイム』が「これからの世界を動かす百人」に選んだこともある。代作問題とかで裁判沙汰になりかけたが、共産党系メディアの嫌がらせ。結局、裁判にはいたらず、本人はいまも意気軒昂とブログを綴る。彼のブログ読者は優に百万人近い。

筆者が彼に関心を抱いたのは次の発言である。

「歴史教科書に書かれた日本軍の侵略と歴史の真実は異なる。われわれは教科書で共産党が日本軍を負かしたと教わったが、歴史の真実は、日本軍と戦ったのは国民党だということ。つまり官製情報と真実はまったく異なる」。

英紙『フィナンシャル・タイムズ』が、上海郊外松江に住む韓寒にインタビューに赴いた（4月21日付け）。韓寒夫妻は近くの瀟洒なレストラン（芸術家飯店）でインタビューに応じたのだ。韓寒の父親は共産党員だが、作家でもあり、母親は福祉関係の仕事。韓寒夫妻には1歳半の娘がいる。

「西側が想像しているよりも中国の言論状況は、西側の言論の自由ほどではないにせよ、かなりの自由がひろがっていて、われわれは何でも書ける自由があるが、政府はブログなどを勝手に削減する『自由』もある。微妙な話題では論争が起こせないようになっており、愛国者からわたしの言論に売国奴だという批判もあったし、自由派からは改革への姿勢が弱いというお叱りも受けた。さて薄熙来事件だが、われわれは何一つ真実の情報に接してはいない。多くの中国の知識人が薄の政治的姿勢、その遣り方を嫌っているのは事実だが、ポピュリズムを敵にまわしてはいない。毛沢東はそもそもポピュリストであり、大衆を扇動して文革を始めたではないか」。

彼はレストランで静かに続けた。

「近い将来に、この共産党独裁を倒すのは不可能だが、人民が変わり、やがて党が変わる。中国の民主化は中国人に向かないなどと僕は言っていないし、広東省烏坎村でおきた村党委員会書記選挙は、はじめて自由選挙が行われたように、明日の民主化への道標である」。

韓寒は中国の未来に楽観的で、「外国で暮らすより、僕は中国で生きる」とも明言した。それなりの生きる知恵を、筆者はこのインタビュー記事の行間から感じた。

権力中枢が情報の管理に神経質となった最大の理由は2010年冬から起きた「アラブ

の春」の動きであり、11年1月にチュニジアで独裁政権が倒れるや、エジプト、リビアとドミノのように新しい情報ツールが遠因となって崩れた。中国共産党は明日は我が身かと総立ちになる。

中国でネット、ブログ、フェイスブック、ツイッターの情報のやりとりを放置すれば、やがて社会騒擾、擾乱が常態となり、権力の権威は地に落ち、暴動が広がり、社会は決定的に安定を欠くことになるからだ。

まして今秋に5年ぶりの共産党大会が開催され、新指導部が誕生する。

党の中枢のみならず地方の首長、全人代代表などが交代する。地方の首長の多くが民選をタテマエとして、市民10名の推薦があれば誰でも市長や村長に立候補が可能という、表面的な「民主主義」が謳われているが、実際には立候補しても、推薦人に問題があるとか素行調査の結果、「あんたには資格がない」とかの難癖がつけられ、あるいは「立候補の届け出用紙がない」とかのメチャクチャな理由で一般庶民が立候補するシステムではない。

党大会に前後して361の市議、2811の県議、3万4171の村議の役員選挙が行われる。このため買収、売票が盛んで、政敵を貶める情報操作、噂、風説が乱れ飛ぶ。

とくに地方の共産党トップの椅子は金で買うのが常識である。2005年に発覚した黒竜江省のロシア寄りの都市、綏化《すいか》市党書記選挙のケースでは市政府高官の椅子を、マ・デ

（音訳不明）という男が80万元で買い取った。以後、マは収賄ばかりやりつづけて、まともな施策は何一つとして存在せず、役職を辞めるときには220万元でポストを転売し、あまりのことに死刑判決がおりた（執行猶予付き）。

薄熙来夫人の谷開来は「中国版ジャクリーヌ夫人」

薄熙来夫人の谷開来は父親の失脚に伴い、幼いときから煉瓦工など辛酸をなめ、小学校も出ていない。

ところが彼女は特異な才能に恵まれ、琵琶奏者として頭角を現すや、父親の復権も手伝って北京大学に学び苦学して弁護士資格も取得したという伝説のような「物語」が語られた。粉飾した美しい物語だが、実態は相当異なる。

1984年に薄と出会い、不倫のすえ、86年に結婚したことになっているが、つまり正妻を追い出したのである。薄の前妻は李丹宇といって元北京市書記だった李雷峰の娘、ふたりの間には長男がいる。

谷開来の父親は谷景生、14歳で抗日戦争に参加したといわれ、北京の共産党地下組織から抗日民族戦線を経て山西工作、モットーは「艱苦頑強」の四文字。この頃に苑承秀と結

WILD REVIVAL
SAVING BIRDS FROM HUMANS
JOE NOCERA
RUSSIANS ON NOTICE
HE'S A COACH?
CHAOS SWIRLS AROUND ANELKA
BALANCING ACT
WORKING MOMS ON THE ROAD
International Herald Tribune
THE GLOBAL EDITION OF THE NEW YORK TIMES
China's elite stewed as Bo's son lived it up
Party can look other way, but his indiscreet antics seem to have crossed line
West finds the enemy is evolving in Afghanistan
Militant network's ability to evade intelligence scrutiny worries analysts

薄熙来夫妻のどら息子・薄瓜瓜の乱痴気ぶりを伝えるヘラルド紙

婚し、その後は朝鮮戦争にも従軍し、空軍幹部となる。文革で12年も追放されたが1978年に名誉回復、広州軍管区の副政治委員となって、中越戦争に参加、それから新疆ウイグル自治区の工作に派遣された。いわば紅色軍人の典型だ。

　このようにはい上がってきた過去をもつ文革受難世代は薄も、習近平も、この谷開来も同様で、同時に射幸心が異常なほど強い。

「辣腕弁護士、薄夫人の谷開来は中国版ジャクリーヌ夫人のような人」と米国におけるビジネス・パートナー（コロラド州のバイーネ法律事務所）は『ウォールストリート・ジャーナル』のインタビューに答えた（4月9日付け）。「彼女の英語はパーフェクトで、北京の弁護士事務所は盛業を極めていた。薄熙来が大連市長時代に大連に招かれホテルで食事したことがあるが、薄は誰とでも握手し、顔見知りばかりで、あれはアメリカの政治家とそっくりだった」と懐旧談も添えた。

重慶のホテルで変死した英国人ニール・ヘイウッドが薄の息子、薄瓜瓜の家庭教師を務め英国の名門高校留学の面倒をみた。息子の英国留学に際して谷開来は母親としてだけではなく、自身も英国内の大学院をめざして英国に数ヶ月滞在していた事実が英国筋の調べで判明した。

また彼女が書いたベストセラー『米国でいかにして裁判に勝つか』は谷開菜のペンネーム、さらに官名は「薄谷開来」で、これは事業を行うときの変名、便宜的名前だろうと推測されたが、シンガポールのパスポートを彼女は、この名前で取得している。薄熙来が大連市長から遼寧省省長時代に「ホラス・コンサルティング&インベストメント」なる会社を経営しており、殺害されたニール・ヘイウッドのほかに米国人のラリー・チェン、フランス人のパリック・アンリ・デビレル（フランス人建築家）らが薄ファミリーに頻繁に出入りを許されていた。

薄夫妻のどら息子・薄瓜瓜は両親が拘束されたときハーバード大学大学院に留学中だった。この放蕩息子は直後に米国マサチューセッツ州ケンブリッジの豪華マンションから消えた。このマンションにはプール、フィットネスクラブが備わった豪華邸宅風の七階建て。

ドアマンがいる。学生の分際で？

２０１１年2月に薄瓜瓜は陳雲（鄧小平最大の政敵だった）の孫娘、陳暁丹とチベットに旅行したおりは公費で、しかもパトカー4台が随行するほどだった。デートにしては派手すぎはしないか、とネットに批判が集中した。

薄夫人の英国人謀殺事件は薄が直接命じたとネット上の情報が行き交ったが、新華社の公式見解は「重大な規律違反」であり「中国は社会主義であり、いかなる人物でも取り調べる」とした。新華社が初めて谷夫人の殺人（homicide）関与を認めたのである。

ネットでは谷開来が香港の居民証とシンガポールのパスポートを所有し、98年頃に当時保有した全財産をシンガポールに移したという情報が飛び交った。

おかしな雲行きとなった。

薄夫妻への嫌疑と疑惑が出だしたのは2月6日の王立軍亡命未遂事件からだが、3月の全人代に薄熙来は堂々と顔を出しており、雛壇の徐才厚（軍事委副主任、全人代の時点で最強の軍トップのひとり）といかにも親しげに会話しているところがテレビ中継された。

この「官場政治」のトリックは常套手段で、軍のトップと親しい演出を見せつけ、「オレ様に手でも出してみろ、軍を動かしてみせるゾ」と胡錦濤、李克強、李源潮ら共青団を脅している図とも解釈できた。

２０１１年11月10日に成都で行われた軍事演習に際して軍のポストを持たない薄が、四川省の陰のボスといわれた周永康とともに閲兵した。

全人代最終日の記者会見で温家宝首相が「文革の二の舞はごめんだ」と示唆し、かつ王立軍事件の徹底調査を言明し、翌日、薄は「重慶市書記の停職」を言い渡された。しかし、この時点で政治局と中央委員の資格は剥奪も停職もされていない。最終的失脚は4月10日、つまり事件が表沙汰になった時点から、じつに2ヶ月間、中国のトップは薄問題の決着点を見つけられなかったのである。

なぜなら第一は薄をかばう江沢民派の存在である。

第二は党内左派、つまり薄熙来を支持する毛沢東礼賛派の存在である。重慶における薄支持者のなかには熱烈な共産主義左派が含まれており、この層は薄の「唱紅打黒」キャンペーンで裨益した人々だ。

「革命歌を唱ったので健康になった」「薄の組織犯罪撲滅キャンペーンで、重慶市の治安は格段によくなった」「貧困層にも低所得者住宅を供給してくれた」などの応援歌が響いた。停職発表の夜、重慶では数千人の暴徒化した住民が警官隊と衝突を繰り返した。

薄失脚後のパワーゲーム

3月15日から4月10日までの「激動」は一種の政変だった。

軍のクーデターの動きを警戒しつつ、胡錦濤政権は党内左派の言動を封殺した。ネットとりわけ左派のブログ（「烏有之郷」や「毛沢東旗幟網」など）を閉鎖して多くの左翼系毛沢東礼賛派ブロガーを拘束した。その上で「ネット水軍」（偽情報を大量に発信する五毛幇らを指す）を駆使し、情報操作に取りかかり、薄を支持する左派の反動を追い詰め、やおら失脚の発表へといたる。つまり左派からの反撃と軍の動きを封じ込めるために必要な時間だった。薄ファミリーへの調査はすでに2月時点で公安系が掌握していたのだ。

残る問題は太子党のなかにどれほどの薄熙来支持派が残存するか、である。彼らをこの政変を利用して一気に葬る必要がある。権力闘争の本質とはそういうものだから。

1995年、古参幹部だった陳希同失脚の直前、王宝森・副市長が〝自殺〟したが、直後の官製報道によれば王は豪邸に住んでおり（どこの邸宅かも分からないような写真が配信された）、豪華ホテルのスイートを2年間も長期契約し（どのホテルかは明かされなかった）、愛人は16人という形而上の政治哲学や路線対立とは無縁のキャンペーンがあった。

誰一人、愛人の具体的名前は判明せず、その上で江沢民に楯突いた陳希同（政治局員、北京市書記）が失脚、禁固16年。16という数字は偶然だろうか？

07年の陳良宇（上海市書記、政治局員）失脚のときも同様な情報が流れた。陳は悪質なデベロッパーと組んで上海の住宅地などを次々と売り出して、つるんで不動産開発業者に売却し、巨額の賄賂を得た。愛人は18名と言われた。逮捕後の風説では市役所職員の年金も流用して不動産投機を行っていた由。だが江沢民にとって陳良宇は上海における後輩でもあり、胡錦濤の外遊中に強い反撃に出た。

胡錦濤が望んだ李克強の国家主席就任のシナリオを蹴飛ばし、次期総書記候補に習近平を持ってくる。だから陳良宇追放劇の場合は中途半端な政変となり、彼は山東半島の刑務所で禁固18年。

この逆転に焦った胡錦濤ら共青団はカナダから頼昌星を強制送還させ、アモイ事件の裁判を始める。

これで福建省時代の習近平のスキャンダルをあぶり出し、かれを牽制する有力な政治道具として駆使するためである（頼昌星が主犯のアモイ事件とは史上最大の密輸事件で、アモイ公安部長、関税局長、警察、軍がグル。主犯６名か７名が死刑になったが、本当の黒幕は江沢民の右腕、賈慶林と言われた）。

２０１１年7月、浙江省温州で新幹線事故が起きた。同年2月に劉志軍（鉄道部長、江沢民派）が事実上、失脚していた。このとき流れた風説によれば彼の愛人は18名。この説がネット上でも一人歩きして、成長増強路線と安定第一路線という宿命的な中南海の政治対決の真相を隠した。

これは共青団と江沢民派の対決、その第二幕だった。

いずれも60歳をすぎたおっさん達が、そんな数の愛人を抱えることが可能なはずがないだろう。

「薄の愛人は28人」説がネット上からも飛び出し、谷開来夫人とイギリス人との不倫説も飛び出し、「腐敗」と「不倫」と「愛人」というシモネタばかり。もっとも肝要な路線対立は後方へ押しやられた。形而上の深刻な対立が形而下のシモネタに矮小化されている事実こそ、裏面で格闘された政治的確執の本質を物語っているのである。

ただし谷開来は薄熙来の愛人に嫉妬し、判明しているだけでも愛人の4名が「不審死」を遂げている。これは以後の裁判で明らかになる可能性がある。

ジグソーパズルのようにパワーゲームの駒が動き出した。

4月12日から英国を訪問した中国共産党の劉延東を英国紙『テレグラフ』は「薄失脚に

より、彼女の政治局常務委員会入りは確実となった」と報じた（4月12日付け）。彼女は「有能であり、政敵がおらず、しかも江沢民とも親しく、胡錦濤とも親しいという八方美人型で広範な人脈があり、太子党であり共青団。父親は農業副大臣を務め、また彼女は清華大学でエンジニアリングを専攻したが、ここで習近平とも親しくなった。夫君の楊某も太子党、一人娘は米国留学中である」と『テレグラフ』紙が賞賛した。訪英するからには劉延東はロンドンに何らかの情報が必要だった。

殺害された英国人ニール・ヘイウッドに関しての新しい情報のなかで、11月6日に北京で友人に会って食事をしたおり、重慶へ行く計画を告げず、したがって誰かが奸計をもって、「急に呼び出され、ホテルで1人にされたあげくに殺害されたのは11月14日ではないか」と語ったのだ。ヘイウッドが複数の友人等に漏らした話を総合すると、彼自身が身の危険を感じたのは、過去2年ほどのことで、とくに薄夫人の谷開来に神経衰弱とみられる精神不安定症状が見られ、忠誠を誓えとか、奥さんと別れろとか訳の分からないことを叫んだり。ヘイウッドは安全に気を遣うようになり神経過敏となってイライラを解消するために喫煙をはじめた。また2年間で抜け毛が著しくなった。

もっとも重要な情報は「薄ファミリーの経済問題に関しての秘密資料は安全のため、英国においている」とヘイウッドは友人等に語っていることだ。そして「プレッシャーに耐えられないので、翌年には中国を離れたい」とも語ったという（『ウォールストリート・ジャーナル』、4月12日）。

だがロンドンにおけるヘイウッドの葬儀を取材した『ニューヨーク・タイムズ』（4月11日）は、別の印象を抱いた。葬儀に参列した往時のエリート学校の同級生等の意見を集約し、同級生等はヘイウッドの妻の王露露と子供達が教会から去るのを見届けてから語り出した（チャーチルも学んだ名門私学ハロー校というのは往時の学習院中等科のようなもの。それこそ天皇陛下の御学友の世界と似ている）。

「ヘイウッドが卒業後、フロリダへ行ってヨットに乗っていたとか、およそエリート校卒業生としての立ち居振る舞いや礼儀にかなった閲歴はなく、そもそも大連へ行くまでの経歴にも空白部分が多く、たとえばＭＩ６との関連ビジネスなど、自分を謎めいた大物フィクサーとして見せる自己演出の部分があるようだ。そのうえ、薄と親しいのは事実だが、いかにして薄家に食い込んだかの過程にも矛盾がある。彼は中国で豪邸に住んでいたのは事実だが、フィクサーの能力が高かったという評価はほとんど聞かない」。

薄失脚後のパワーゲームでもし劉延東が急浮上するのなら、次に失脚する可能性があるのは誰かという話題もネットで展開された。周永康は最後の最後まで胡錦濤と激論しつつ、薄熙来を庇って政治局で孤立した。

周はもともと「石油派」からのカネをバックにトップ9名のなかにのし上がり、公安畑を牛耳る重要人物である。米国ＦＢＩ長官のフーバーが恐れられたのは、政治家のスキャンダルをすべて握っていたからだ。同様に幹部およそ３３００名のファイルを握る周永康をおそれて誰もが手を出さないのである。

周はそれをよいことにやりたい放題。たとえば「四川省書記時代に愛人だった女と一緒になるため妻を殺したらしい」（『明鏡』、4月12日）。「周の息子は甘粛省マフィアのナンバー・ツーを父親の威光で刑務所から保釈させた。代わりに2億元を手にした（『博訊新聞網』、4月12日）。

周は致命的ミスを犯した。薄を土壇場まで擁護したのは政治局常務委員としてあるまじき言動だった。

理由は実は2人の腐れ縁、複数の愛人も「共有」したほどのただれた関係で、賄賂とおんな、腐敗、汚職の海におぼれきっていたのだとして『博訊新聞網』は次のような「信じがたい」事実関係を報じている。

周の息子の周斌は２００億元の資産家、重慶のプロジェクトも薄コネクションから請け負って、４００億人民元の売り上げをあげたがうち１００億が利益。北京に18軒もの豪邸

（その多くが宮廷風という）を持ち、また周永康につぎつぎと愛人を提供したのは薄と王立軍でその数18名。歌手、舞台女優、演劇学校の卵、女子学生らが含まれ、これらの美女は6つのマンションに住まわせており、薄と周は愛人を共有した。現在の海南島海口市長の許文林は周永康の秘書をしていた。ボスの遣り方をみて、そのノウハウを学び、10億元を賄賂で蓄財したとも。

こうして腐敗が前面に出てくる背景には「中国には共産党の統治下は一枚岩であり、政治路線対立がない」という嘘を国民の前に提示しなければならず、ともかく共産党は無謬であり、独裁は正しく「党外無党、党内無派」という原則の下、政治路線で執行部が対立したなどという不都合な真実を隠蔽する政治的動機がある。だから薄への賞賛ブログは封鎖されても、悪口をいいまくる噂は野放しになっているわけだ。

毛沢東時代、政敵の失脚は「反動分子」「反党分子」が理由だった。改革開放30年、「腐敗分子」「規律違反」「党規侵害」が、重要人物のパージの理由となった。

伏魔殿にメスが入る

政治局員を査問するわけだから、ことは慎重を要した。

ついに伏魔殿にメスが入った。『ボイス・オブ・ドイツ』は、これを「太子党の終わり」と書いた。

米国マスコミは、習近平の娘も薄の息子もハーバードへ留学中というポイントを重視する報道を行っているが、２０１２年4月18日付けの『ヘラルド・トリビューン』は、ひょっとして歴史に残る紙面作りである。

一面トップのカラー写真（１０９ページの写真）は薄の息子、薄瓜瓜が英国のナイトクラブで怪しげな女性を侍らせてワインを飲んでいる場面だ。24歳の若造の欧米における御乱行を象徴する写真で、学園祭にジャッキー・チェンを呼んだり、フェラーリで女性をドライブに誘ったりと数々の「武勇伝」の紹介記事が続く。

華字紙は「薄処分は劉青山か張子善か」という書き込みで話題持ちきりとなった。というのも劉青山も張子善も革命政府樹立後、腐敗分子として死刑になった。冤罪とも言われる事件だが、ようするに毛沢東に逆らうと、幹部でも死刑になり、罪名はあとからでっち上げでついてくる。

江沢民の政敵だった陳希同は懲役16年、胡錦濤のライバル陳良宇は懲役18年、さて薄熙来は死刑か無期懲役か、というわけで、罪状はこれから大急ぎで作られるだろうが、決して薄が重慶ですすめた高度成長路線、毛沢東思想復活と胡錦濤等の「安定路線」との深刻な対立という本質論議は回避されるだろう。

薄の存在は共青団にとっても習近平にとっても疎ましく、なにかのチャンスをまって失脚させようとしていたのである。

もし王立軍の亡命未遂がなければ、これほど大胆な政治処分へとは至らなかった。

英国人殺人事件が明るみに出る前までは江沢民派直系の周永康も政治局緊急会議で最後まで薄を庇おうとしたのである。

前述したように江沢民は薄の父親、薄一波によって助けられ、往時の大物政治家・喬石らを出し抜いて江沢民が権力中枢を形成できた恩義があったからだ。

英国、米国はどうでたか？

ここで薄失脚の直接の導火線になったニール・ヘイウッドという英国人殺人事件についてまとめる。

英国政府が中国に正式にある事件の「調査」を依頼した。「事件」から4ヶ月を経過した2012年3月26日になってからだった。

2011年11月15日、重慶のホテルであるイギリス人ビジネスマンが死体で発見された。

中国当局は検死も行わず「アルコール中毒」による突然死と発表した。ネット上で噂が飛び交ったが、当時は薄熙来が完全に重慶の公安をおさえ、しかも王立軍が捜査にあたったのだから情報を秘匿できた。中国にいた他のイギリス人ら友人が英国大使館に連絡し、「かれは一滴の酒も飲まない人（Teetotaller＝絶対禁酒者）だった」と伝えていたが事件は伏せられた。

英国人の名はニール・ヘイウッド、41歳、ハンサム。戦略的投資アドバイザーや年金運用のコンサルタントを務めており、重慶では英国ロンドンに本社を置く企業調査会社「Hakluyt & Co」に助言をしていた。「この会社はＭＩ６の依頼で、ある調査もしていた」（『ウォールストリート・ジャーナル』、３月27日）。

ニールは中国ではかなり有名な部類にはいる外国人で、その人脈の広さから、高級スポーツカー、アストン・マーチンの販売総代理企業顧問を務めたり、浙江省のギーリ・ホールディング社のボルボ買収でも、助言をした。それなりの戦略的コンサルタントだった。10歳未満の子供が２人、別名をニックとも呼び、中国名は「尼爾海伍徳」（ネイル・ハイウッデ）。しかもロンドンから妹のレオニーと妻の王露露が重慶に駆けつけたとき、遺体ではなく火葬された遺灰が返却されただけだった。

英紙『テレグラフ』（３月28日付け）は、重慶に特派員を飛ばし独自の追跡調査を行い次の報道をした。

「彼の友人はそろって彼が冷静沈着、かつ純潔で博学だったと言った。スパイの気配などなかったが薄一家に食い込んでいることは知っていた。彼は多くの高級官僚と企業人を結びつける仲介稼業に勤しみ、調査会社の依頼で定期的に報告書をあげていたが、その会社がかつてのＭＩ６の幹部が設立したというだけの理由でスパイという秘密にはあたらない」。

ヘイウッドは「グレアム・グリーンの小説の主人公のようだった」と別の友人は彼の印象を語った。またある友人は「薄夫人とのビジネスで、彼は知らなくともいいことを知ってしまった可能性がある」と証言した。また別の情報筋は「薄夫人のビジネスの機密が漏れたとき周囲を疑い、ニールにも奥さんと離婚して薄グループへの忠誠を誓え」と要請した場面もあるという。

ニールは薄の息子の薄瓜瓜の英国における保証人だった。そのうえ２０１１年夏には薄、息子、ニールの３人がビールを飲んでいたところが目撃されていた。ニールの友人等の言う「絶対禁酒者」ではなく、少量のアルコールは嗜んだという。

薄夫人の谷開来は１９９７年からシンガポールのパスポートも保有しており、谷開菜と名乗っていた時代もある。パスポートの名義は薄谷開来。１９６０年生まれ、元共産党総政治部副主任で新疆ウイグル自治区第二書記だった谷景生の五女。北京大学を卒業、北京と大連に弁護士オフィスを構えた辣腕家だ。「薄と知り合っても米国留学の望みがあり結婚を躊躇った時期がある」(『多維新聞網』、3月15日)。

ところが真相は薄と不倫をし続け、2年後に正式の妻となった。

谷は米国企業と中国企業との裁判で、初めて中国側が勝訴したときの弁護士。その経験を生かした『米国でいかにして裁判に勝つか』は当時ベストセラーとなり、法曹界では有名な存在だった。

不審な死を遂げたニールは北京言語文化学院卒業、中国語に堪能で妻は中国人女性。大連市長時代の薄熙来と知り合い、深い交友関係にはいって、薄の2番目の妻・谷開来とのあいだに出来た息子・薄瓜瓜の英語の家庭教師をつとめ、英国留学のおり、背後で様々な面倒をみるほどの親密な関係だった。

薄瓜瓜は最後に米国ハーバード大学の大学院へ「留学」した。乱痴気パーティーを学生寮で開催したり、その破天荒な遊びぶりは留学中でも有名だった。

筆者はこの話を聞いたおり、1982年秋に日本留学中の魯迅の孫・周令飛が台湾女性と恋仲になって台湾へ〝結婚亡命〟したことを思い出した。翌年、筆者は周令飛のインタビューをしに台北へ飛んだが「わたしは亡命ではなく、台湾を旅行している」と発言し、驚かされた。ほかの亡命者は「あの人は北京で一番最初にバイクを乗り回した遊び人だ」と批判めいたことを言った。バイクを乗り回したくらいのこととフェラーリの大名旅行のぼんぼんとはえらい違いだ。

さて変死事件は2011年11月14日である。

このおり薄ファミリーの腐敗を捜査する中央からの捜査は右腕だった王立軍（当時、公安局長兼副市長）の過去の汚職に及んでいた。王は薄に「家族、とくに夫人の醜聞を狙っている」と告げた。

中央の政治局常務委員会で捜査を進めていたのは賀国強（序列第8位）だった。捜査を妨害して薄をかばっていたのが周永康（序列第9位）だった。周永康は露骨なまでに江沢民派である。政治局は紛糾し、薄解任動議は8vs1だったが、公式発表は全員賛成となった。

北京との会話は盗聴されており、また薄側も北京の中央を盗聴していた。薄ファミリーの汚職は重慶における様々なプロジェクトや「腐敗一掃」といって逮捕した共青団系列の人々の財宝の横領などが含まれていたが、捜査が夫人の汚職に及んだ段階で薄熙来は「悪い部下をもった」と右腕の王立軍を切った。

2月6日に王立軍が成都の米国総領事館へ駆け込み亡命申請の取引として薄の腐敗、汚職の証拠を提出し、盗聴記録やら薄との会話テープも提出したが、その中に「ニール・ヘイウッドの死は毒殺だ」という王立軍の証言が含まれていた。

米国下院外交委員会（イリアナ・ロス＝レイティネン委員長）が薄熙来失脚のはるか以前、2月6日の王立軍亡命未遂事件で「なぜ米国は彼の亡命を認めなかったのか」「どういう秘密書類を彼が持ち込んだのか」「亡命拒絶はどのレベルの決定か」とする質問をヒラリー・クリントン国務長官あてに「書簡」として送付している。

「興奮の36時間」と比喩されるのは王立軍が成都の米国総領事館へ駆け込み、そして自発的に同領事館から外へ出るまで、いったい何があったからか？

中国側は胡錦濤に伝わり、黄奇帆・重慶市長がパトカー70台を先導して現地へ到着後、一度、領事館に入って王を説得した。

米国は領事では決定ができず（しかも成都領事は当日不在だった）、北京のゲイリー・ロック大使から国務省へ繋がり、それはホワイトハウスへと伝達されていた。

つまり「興奮の36時間」はオバマ、ヒラリーという米国の首脳クラスが決断するまでの時間であり、結局は習近平訪米を1週間後に控えたタイミングという政治的判断から王立軍の亡命を受け入れなかった（もっとも『ニューヨーク・タイムズ』等は方励之の亡命とは異なり、「かれはダライ・ラマでもない」と書いた)。

英国は薄ファミリーに深く食い込んでいた英国人フィクサーのニール・ヘイウッドの変死事件への猜疑心が拡大していたため、この王立軍事件を突破口に中国の本格捜査を要求することになる。

ファミリーへの汚職調査

『サウスチャイナ・モーニングポスト』紙（2012年4月23日）は、薄熙来ファミリーの汚職調査で、「近く周永康にも捜査の手が伸びるだろう」と伝えた。また香港における不正蓄財の調査はほぼ終わっており、薄ファミリーの利権ネットワークのなかで香港における株、不動産投資はすくなく見積もっても1億3600万ドル。これらは大連の実業家「大連実徳集団」の徐明が誘導したという。

ところが日本の報道が世界の華字紙に跳ね返っている。

「まだ当局が調査していて公式発表がない段階で、日本の『朝日新聞』が薄夫妻の不正蓄財、海外移転が80億ドルとしたのは、当局が外国メディアに先にリークしたのか。それにしても巨額過ぎないか?」と報じた。「日媒報薄夫妻海外転移80億美元巨費」(『多維新聞網』）という見出し。

在米華僑が発行する有力紙『多維新聞網』（4月23日）は、とくに「日本で発行部数第二位の『朝日新聞』は、いかなる筋からの情報かを明示しないで夫妻の不正蓄財を80億ドルと報道した」と半信半疑のニュアンスを漂わせながら、『朝日新聞』の当該紙面の写真入りで伝えた。従来推定されてきた薄熙来夫妻の不正蓄財は80億元（米ドルではない）。この数字は王立軍が成都の米国総領事館へ駆け込んだときにもたらされた情報が嚆矢で、薄夫人の谷開来が別途、英国人フィクサーのニール・ヘイウッドと交渉していたとされる英国への不正移転8億ポンドは含まない。

『朝日新聞』が伝えた80億米ドルは380億元、当初の80億元とは天文学的に異なる巨費になる。即ち80億元は邦貨1040億円。後者の380億元なら邦貨換算で4940億円、後者の金額は、ちょっと考えにくいのではないか。

薄熙来の兄は薄熙永というが、光大国際集団のCEO、世界中でビジネスを展開している。香港での不正蓄財の捜査対象はこの兄にも及んだ。

薄の前夫人は李丹宇、その間に出来た長男は李望知。後妻の谷開来との間に出来た次男は世界的に放蕩息子のイメージが行き渡った薄瓜瓜だ。

李望知は父親の薄熙来とは疎遠である。そして親子関係の疎遠は別の意味で僥倖であるかも知れない。つまり彼は拘束されない可能性が高い。

李望知はコロンビア大学卒業後、「李小白」という変名で、投資ビジネスを展開する（グランドン・リー集団）一方で、シティ・コープにも役職を得ており、北京と大連を拠点にかなり多岐にわたる商いをしてきたうえ香港の日本企業「大東開運」と組んで大連で養牛場も経営しており、大連雪龍黒牛有限公司から「中国で一番美味しい牛肉」を日本に輸出する商売にも絡んでいるという。

李望知は太子党のエリートらで構成する「北京企業家倶楽部」の理事をつとめるが、この特別メンバーには「百度」創設の李彦宏や、不動産投機でしられる黄怒波らがいる。黄怒波と言えばアイスランドの極寒地にスキーリゾートを建てるなどといって広大な土地を買おうと動いた怪しげな起業家であり、昨年アイスランド政府は、この購入申請を蹴った。

李望知が李小白を名乗るのは不気味な変名だ。「小白」とは斉の第十六代君主、桓公の別名。小白が斉を乗っ取るために兄弟を殺し、謀略を用い、いかにして覇者となったかは『春秋』にある。

面妖な事実、鵺的な人々

北京中南海に激震を及ぼした薄熙来事件。

中央紀律検査委員会が査問の最大の焦点としたのは成都軍管区と薄熙来との親密度で、いったい誰が薄熙来の成都の軍事パレードを閲兵させ、誰が昆明部隊の視察を許可したのか。

政法担当の周永康（政治局常務委員、序列第9位）が背後にあることは明白だが、具体的アレンジを実践したのは誰か。

薄と親しかった成都軍管区の阮志伯・副司令員が人脈的に濃厚に疑われたが、「病死」による急逝が発表された（5月17日）。友人等によると「かれはどこも悪い所はなく身体は壮健にして健康そのものだった」。

阮は安徽省生まれ、1968年に入隊後、管理部門を歩き、2002年少将、10年に中将に抜擢された。08年からは成都軍管区副司令員をつとめてきたが、総後勤部時代に劉源（劉は劉少奇の息子、同部政治委員。大将）と知り合い、同年齢ということもあって親しかった。この人脈から薄の陰謀に荷担したという猜疑心が中央紀律検査委員会の査問対象となった。その彼が北京の病院で急逝したというニュースを素直に受け取れる筈がないだろう。

もう一人怪しい外国人が浮かんだ。

その後の調査でパトリック・アンリ・デビレル（フランス人建築家）はカンボジアに滞在していることが判明した。デビレルはかつて大連で薄ファミリーのネットワークのなかで薄夫人の谷開来と最大級に極めて親しかった。建築家でもあったフランス人はある日、忽然と何処かへ消えてしまった。

１９９０年代、薄熙来がまだ大連市長だった時である。大連の目抜き通りのデザインとランドマークの設計を依頼されたデビレルは、頻繁に薄家に出入りを許された。２０００年に薄夫人の谷開来が英国に会社を設立したとき、パートナーはこのデビレルで、殺されたニール・ヘイウッドではなかった。ヨーロッパの古風な建築を中国風に取り入れ、新しいビルディングをあちこちに建築するコンサルティング企業だった。

この企業の登録地が英国南東部の海岸にあり、瀟洒なヴィラの住所に会社登記もなされたが、２人の住所登録も同じだった。だが、この英国企業は謎に満ちたまま、３年で活動を止めた。

デビレルが父親とともに２００６年にルクセンブルグに登記した不動産会社（「Ｄ２プ

ロジェクト社」）の北京の登記住所は谷開来のオフィスと同じだった。同社は数百万ドル以上の不動産を欧州各地に所有し、とくにこの時代、フランスの高級住宅が外国人投資家に売れた。

一説に、この会社が薄ファミリーの不正資金のマネー・ロンダリングを幇助したトンネル企業ではないかと言われた。しかしデビレルの父親はこの噂を真っ向から否定した。

カンボジアの首都、プノンペンにフランス風の二階建ての住居をかまえて、デビレルは人目を避けるように道教の研究をしていた。カンボジアは旧フランス領、いまもフランス語が通じる。欧州、アメリカあるいは中国全土を捜してもいないはずである。07年に欧米マスコミに谷開来との醜聞、もしくは艶聞を書き立てられてから、かれは忽然と姿を消していたのだ。かれの前妻は大連の女だった。結婚は数年も続かなかった。「彼はつねにロマンスを求める詩人だ」と友人は言った。

『ニューヨーク・タイムズ』は、ようやくにしてデビレルの住処を発見した（5月18日付け、ケイス・ブラッドシェール記者）。かれはプノンペン郊外の竹で編んだ素朴なコテージに住むことが多く、付近で値段を聞くと同じサイズのコテージが9千ドルで買える。彼はまるで老子のごとく質素に、そして道教の老師のような暮らしをしており、谷開来とのラブ・アフェアーに関しては一切口を噤んだ。そして言った。「老子曰く、天網恢々疎にして漏らさず」と。『ニューヨーク・タイムズ』の報に慌てて賀国強がプノンペンを訪問したが、6月13日、デビレルはカンボジア当局に拘束されてしまった。そして、「自発的に」カンボジアから北京入りし、捜査に応じることとなった。

薄ファミリーの汚職、殺人疑惑、重大な規律違反などで重慶では部下ら30数名が取り調べを受け、大連でも薄最大のスポンサーだった大連実徳集団の徐明ら10数名が拘束、査問された。金庫番といわれたユジュンシン（音訳不明）は徐の逮捕を聞くや、２００万ドルをわしづかみにして香港経由、オーストラリアへ高飛びした。

重慶で１２３エーカーもの土地を購入した香港の「ゴールデン・インターナショナル・インベストメント」という面妖な会社も徐明のダミー企業であることが判明し、オーストラリアへ逃げた部下達がその担当ではなかったか、といわれた。映画女優で世界的に有名な章子怡との濃密な関係も取りざたされた。そのうえ徐明がもっていたサッカーチームが八百長試合をやってきたことも問題となる。

薄熙来の中央紀律検査委員会での裁きは〝女大岡越前〟が担当することとなった。「女包公」と言われる馬馭は南開大学出身、温家宝系である。「包公」とは北宋の政治家。清廉潔白な官吏として、とくに貴賤を問わず公正な裁判をしたことで知られる。「清官」

の代名詞となって、関羽、諸葛亮とならび中国の歴史ドラマでは三大傑人。日本で言うと水戸黄門、大岡越前、遠山の金さん。つまり庶民の絶大な人気をあつめる。

中央紀律検査委員会副書記は「女包公」の異名がある馬馼で、彼女が薄熙来案件を扱うこととなった。馬女史は国家監察部長を歴任し、２０１１年は新幹線汚職で劉志軍（鉄道部長）の「重大な規律違反」事件を扱った。

なお王立軍は四川省成都の裁判所で切り離して扱われ、6月に開廷。王には「国家反逆罪」が適用される。死刑か、無期懲役の可能性が高いと言われるのも国家機密を米国総領事館に持ち出したからだ。

「失脚」が噂されていた軍人が2人しずかに復活していた。

劉源は総装備部政治委員。薄熙来とは幼友達でもあり、「毛沢東主義に還れ」という点で意見が一致していた。それゆえに4月10日の薄の政治局員としての「双停」以来、おそらく取り調べの対象になったとして、暫く動静が伝わらなかった。

劉源は5月14日に河北省を視察、張慶黎・同省書記と張慶偉・同省長が石家庄駅頭に出迎え、一緒に軍医学師範学校を視察した（河北省の省都は石家庄）。もし失脚していたらこの書記、省長らの出迎えはあり得ない。

5月27日には北京で開催された世界包装連合会に軍幹部60名等と出席した。張震の子、張海陽は第二火砲部隊・政治委員。「第二火砲」とは戦略ミサイル軍。「海陽」は父親が参加した上海解放（49年）にちなんでつけたと張震回想録にある。

張海陽はハンガリー国防部の熱烈な要請により「友好団」10名とともに4月15日にハンガリーを訪問し熱烈歓迎を受けた。もし失脚していたら外国への渡航が許可されない。5月21日には烈士追悼写真展の除幕式に靖志遠・司令員とともに出席した。同月23日には北京の式典に参列していたことが判明し、ともに「健在」である。

悪名高き周永康が失脚しなかったのだから、いまの中国は安定第一。「維穏維権」（何事も波風立てず、権力だけは維持する）のが党是なのである。

一方、重慶に乗り込んだ張徳江（政治局員、副首相）は新書記として、いったい何をしていたのか？

薄熙来が進めたあまりにも野心的で野放図なプロジェクト予算の組み替え、緊縮予算への舵取り、前書記の施策の半減もしくは中断を続行しており、同時に経済面からの汚職の細密な調査である。

第一に薄失脚以後、重慶地方債の利率は8・2％台に跳ね上がって（中国の10年物国債は2・5%)。一番買い込んできた重慶地方商業銀行の株価は14%以上下落した。

第二に16・4%という驚異の高度成長を遂げてきた重慶で、大型のプロジェクトが次々と節約のため予算が半減(典型例は重慶国際エキスポ・センターで、3000億元から1500億元に削減)、あまたの建設中だった低所得者用住宅の建設が中断された。

第三に不良債権の爆発が秒読みとなり、バンク・オブ・アメリカの推計で重慶の不動産投資は1206億ドル。汚職の巣窟であり、この調査が進めば、2006年の上海スキャンダルに匹敵する汚点が露呈されるだろうとしている。

第三章　胡錦濤政権vs上海派の舞台裏——団派は江沢民院政といかに戦ったか

中国の権力中枢は中南海にあり

胡錦濤は前任者と比較するとリーダーシップが決定的に不足しており、党内上層部にまとまりがないと酷評された。

まず汚職の根絶が出来ない。腐敗官僚の跋扈を取り締まれない。社会不安の沈静化に決定打がない。だから軍の内部も中央の政治力不在をいいことに勝手な派閥抗争を繰り返すのである。

汚職がばれて死刑になった高官は何人もいる。なかでも全人代副委員長だった成克傑、江西省副省長だった胡長青、安徽省副省長の王懐忠、国家食品薬品監督管理局長だった鄭篠萸らの死刑執行は中国国内で大きく報道され、見せしめとされた。

それでも腐敗はやまないばかりか、経済発展のスピードに並行して規模、金額も倍々ゲーム。とどのつまり薄熙来ファミリーの利権ネットワークが象徴したように、あの一家族だけで軽々と1千億円が海外へ持ち出されていた。

「上に政策あれば下に対策あり」といわれる中国でトップが汚職にまみれていながら下に腐敗を防げと号令をかけても、誰がいうことを信じるだろうか。

公式的な数字にしても合計1千億米ドルが海外へ持ち出されたが、実態は1万人の高級官僚が海外逃亡、消えた外貨は4千億米ドル内外という推計数字が欧米のメディアには出てくる。

中国の外貨準備が3兆2千億ドルで、このうち1兆2千億ドルが米国債に投じられ、国富ファンドのCICが1兆ドル規模だから、残りは1兆ドル、このなかから海外資源鉱区の買収、海外企業買収をすすめているわけだから、不正に持ち出された4千億ドルを帳簿上、いかにして帳尻を合わせているのか、是非とも知りたいものである。

中国の「予防腐敗局」の数字によれば（2012年5月14日）、共産党員でおよそ42

0万人が汚職容疑で捜査対象となり、そのなかで腐敗高級官僚は465人に達していた。2003年から2011年9月までの腐敗官僚の司法部への送検は4万2000名を記録し、このカテゴリーには上海市前書記の陳良宇が含まれる。

したがって「胡錦濤は江沢民より無能だった」というのが、中国の多くの知識人の胡錦濤評価となる（米国ジェイムズタウン財団『チャイナ・ブリーフ』、2011年12月20日号）。

なにが胡錦濤を優柔不断、決断力のない無能男という評価に追い込んだのだろう?

基本的に強い政治意志がないこと。政治哲学はあっても所詮、党のテクノクラートでしかなく党派党争に疎いうえ、血で血を洗う政争で相手を殲滅するほどの決意、決断力がないからだ。

もっとも暴力革命は政敵を大量に殺害しなければ成り立たない。修羅場で人の生き血をすって生き延びた実践者が革命元勲であり、革命成就以後は官僚が跋扈する。現在はそういう時代に入っているから荒々しい活動家はむしろシステムから弾かれる。

胡錦濤は政権発足当時、温家宝首相と二人三脚でポピュリズム（親民主義）を演出し、AIDS禍、SARSの流行、自然災害などの連続した危機を乗り越えた。

積極的に各地の医院を見舞い、被災地へ出かけ人民を励ました。現場の人々を鼓舞した。

このポピュリスト路線は庶民に漠然と好感を持たれたが、党における権力はすこしも確立されなかった。温家宝首相はむしろ浮き上がって、かれが民主化、党改革を叫べば叫ぶほど周囲は白々しくなり党の上層部は眉をひそめる。

前任の江沢民は親民路線など顧みる暇もなく、日夜謀略をこらして、なりふりかまわず軍高官に取り入って自派を形成し棚ぼたの権力を盤石としたが、胡錦濤は派閥闘争のノウハウさえ知らないかのように団派の扶植に勢いがなかった。党派党争に勝ち抜くというのが毛沢東以来のテーゼとすれば、胡錦濤は独裁政治のリーダーとしてはやはり物足りない。

およそ独裁政治を志す指導者として基本の信念が弱すぎるうえ、暴力装置を周りに持たないのは致命的である。韓非子が言ったではないか。「其れまつりごとの民にやさしきは、之すべて乱のはじまりなり」。

所詮、エリート、党のテクノクラート集団がやる程度の限界と言われた。政治の要諦とは周りに政権を命がけで守る忠誠団、ボスの言うことを命令がなくても察知し政敵を殲滅するメカニズムと実行装置が必要であり、毛沢東も鄧小平も、それが備わっていた。薄熙来には王立軍がいた。蒋介石には杜月笙という殺し屋がいた。周恩来には右腕の殺し屋がいなかった。だから彼は生き延びるために毛沢東の茶坊主に徹した。

それゆえに「胡錦濤ではダメだ」とばかりに対極の硬派の印象を演出し、庶民の味方でありリーダーシップがあり、しかも左派イデオロギーを前面に出して堂々と中枢入りの野心を示したのが重慶市書記の薄熙来だった。薄は胡錦濤の指導力の脆弱なポイントを突いてのし上がったのである。

薄熙来は毛沢東の原点に還ろうと獅子吼しつつ貧乏な庶民や中産階級のインテリ層も取り込んだため、次期首相候補の李克強よりはるかに政治力に富むと中産階級の知識人等が認識をかえた。薄には「薄沢東」という新しいニックネームがついた。

胡錦濤がひそかに次期後継と考えていた李克強は次期首相の座を王岐山に正面から脅かされるようになった。

経済路線で2人は対立したけれど国際的に信用があるのは、どちらかと言えば王岐山のほうであり、李克強も胡錦濤ともども沈む可能性がある。

結局、党テクノクラート集団は頭でっかち、秀才ぞろいだが、修羅場に弱く、戦争のやりかた（権力闘争の裏技）に慣れていない。軍を掌握できないまま胡錦濤の10年はまたたくまに過ぎ、ある知識人はこの状況を「失われた10年」と比喩した。

胡錦濤政権は末期に至って中国の基本政策はすべて先送りされ、２０１２年秋の第18回共産党大会で総書記となる習近平の「就任演説」がどうなるか、専門家の注目が集まる。

習近平は過去の歴代総書記との違いを強調するために基本政策の軸足をやや変更する可

能性もある。江沢民は「三つの代表」、胡錦濤は「和諧社会」をスローガンとしたように。

愛国を叫びながら人権、民主は閑却

江沢民（元国家主席）が政権の座にあったのは1989年から2002年までの13年間である。その後の「胡錦濤の10年」は江沢民の院政時代、だんだんとその影響力が希釈されていったが、それでも2012年8月の段階になっても、相当の影響力を保持して、中枢人事に容喙《ようかい》するほど政治力量は衰えていない。

政治的安定を回復させるため江沢民は国民からの天安門事件批判をすりかえるべく人為的な「反日」キャンペーンを巧妙につくりだし、国民党が昔でっち上げた南京大虐殺をまたぞろ政治キャンペーンに用いて、自己矛盾を狡猾に置き換え、その政治的収斂で政権の安定を築こうとした。このためには著名な映画監督やらハリウッドの三流スターを動員して南京の映画を13本も制作し、学校や公務員に強制動員をかけて鑑賞させた。

嘘の集大成をパネル展示した「愛国教育基地」なる施設は中国全土に266ヶ所ある。江沢民政権が地方政府に命じ、予算もつけた。歴史博物館とか郷土歴史館にたぐいする建物に併設したり便乗したりして勝手な歴史を展示した。新設した設備もある。このうちの

208ヶ所がいわゆる「反日教育施設」だ。そして中国政府は「不正確な展示で日中友好を傷つける」という日本側の抗議に頬被りし、「中国に反日記念館はない。あるのは愛国教育基地だけである」と嘯いた。

各地の反日記念館は蝋人形や合成写真パネルで、これでもか、これでもかと日本を非難している。大半が嘘放送、改竄《かいざん》された文章にでっち上げか作りかえた写真パネルを並べている。主目的は共産党の正当性を人民に押しつけるための悪魔の役割が必要だからだ。日本は格好のすり替え材料である。

筆者は歳月を掛けて100ヶ所近くを廻ったが、残り全部の「反日記念館」を見るのに、はたしてあと何年かかるか、ため息がでるほどである。

デタラメな展示内容は、いまさら説明することもないけれども、典型を北京の「中国人民抗日戦争記念館」(145ページの写真)の展示内容から拾うと、最初の展示コーナーが「田中上奏文」ときているから畏れ入る。天皇が世界征服を企み、日本軍の陰謀として中国侵略が開始されたという噴飯物、かの東京裁判でも否定された歴史の創作である。ところが世界の歴史家が否定する筋立てであっても「反日・愛国」のためなら平然と嘘を並べる。

その中国人の神経をみていると、所詮、この国に歴史的客観性とか科学的根拠などを期待すること自体が無意味ではないかと絶望的になる。中国人にとっての「歴史認識」とか

「歴史を鑑とせよ」とかの胡散臭い台詞は、独裁者が説くデタラメな歴史をおまえ達は拳拳服膺せよという厳命に他ならない。

日本側が疑義の多い展示、不当なパネル展示の撤去を要求してもテンを恥じない一方で、共産党上層部が解釈を変更すると無言のうちに改竄したり修正を加え、つまりは時々の権力者のご意向を忖度して修正してきた。瀋陽の「偽皇居」（皇帝溥儀の仮御所）には幾つかの蝋人形が飾られているが、ラスト・エンペラーと会見する関東軍司令官の田中乙三の蝋人形には軍服に参謀肩章が掛けられている。関東軍将校が参謀肩章を掛けることは絶対にない。初歩的ミスである。

ことほど左様に嘘が百パーセント証明された「南京大虐殺」ばかりか、明らかな嘘＝「百人斬り」も、衛生環境の劣悪さに防疫目的で作られた医療研究班の「731部隊」は生物化学兵器をつくっていたことにねじ曲げられ、誰の骨だか分からない「万人杭」や「三光作戦」なる日本軍の〝野蛮な行為〟も実際には存在しなかったにもかかわらず展示されている。

中国での歴史は権力者の創作である。

易姓革命の国では財閥や権力者はある日、王朝が替われば九族に遡って殺され、墓は暴かれ死骸に鞭打たれる。こういう歴史感覚の国で惻隠の情という意味は理解しがたい。

北京の「中国人民抗日戦争記念館」

思いやり、優しさという感覚が中国人の多くには理解が不能である。他人のことなどどうでも良い。自分さえよければ妻、子どもさえ裏切るという殺伐とした精神風土は、こうして生まれてきた。

団結できない民族であるからこそ日本という恒常的な敵を仕立てて、1日24時間、1年365日、反日・反日と呪文のように敵愾心を煽らざるを得ないのだ。そして日本側はといえば、戦後ながらく洗脳されてきたGHQの呪縛から解き放たれ、逆に中国の言いがかりに対して精密な反証と研究が進んで、いまや歴史学者（左翼や共産党員は別）のほとんどは南京大虐殺がなかったことを知った。強制連行も存在せず、従軍慰安婦は志願制で朝鮮系の女衒《ぜげん》が中間に存在したケースが多いことも知った。

中国の反日行為が日本に健全なナショナリズムを復活させたのは一種歴史のアイロニーだろう。


蒋介石と毛沢東の戦いにしても二次にわたる国共内戦を展開したが、本質は富と権力の奪い合いであり、野心と嫉妬と裏切りが渦巻いた。

中国人には戦争をまともにやるほどの「愛国」という概念がない。絶対に分からない。国のために何で生命をかけるのか、つまり王朝の支配者は独裁者であり、兵はその権力を維持する暴力装置でしかない。

いまだに人身売買、誘拐がビジネスとして成り立ち、身代金目的ばかりか、拉致した少年らを奴隷のように働かせた山西省の煉瓦工場や炭坑の露見は氷山の一角。マフィアが誘拐する少女らは売春婦として遠隔地に売られる。広州市では一人あたりのＧＤＰが1万ドルを突破したが、お手伝いさんも建設現場も広東省以外から連れてきた奴隷同然の労働者。最近はこの列にベトナム人やアフリカ諸国からの不法移民も紛れ込んでいる。

労働環境、居住空間は劣悪、衛生管理など最初から考慮されていない。

奴隷に人権があるか、という感覚が広く行き渡っており、黒人差別がつい40年前にもあ

ラスト・エンペラーと会見する関東軍司令官（蝋人形）は嘘の軍装だ

った米国や人種隔離政策（アパルトヘイト）を20年前に廃絶した南アも中国とどっこいどっこいではないか、何が悪いかという感覚なのである。だから盲人の活動家・陳光誠に対しての嫌がらせや米国亡命妨害など、政府に立ち向かう民主活動家や法輪功の訓練者には平然と拷問を加え、アムネスティの非難など何処吹く風。世界でもっとも死刑が多いのも中国である。

この国が往々にして反日暴動を仕掛けて日本を憎むのはパラノイア的中華思想が根幹にあり、ここから生じる中国人の変な優越感のなせる業である。

なにしろ古代より、中国は世界の中原、世界に冠たる文明発祥の地であり、黄帝という神話的存在が人類のご先祖という信仰、中国人のあいだにしか通用しない神話がまかり通る。中華中原を囲む東西南北はすべて野蛮国であり、北狄、東夷、南蛮、西絨は、中国に貢ぎ物をもって挨拶に来い、という自己中心主義の華夷秩序が生まれる。

日本は東の夷、北京に朝貢するのが当たり前の国なのに日清戦争で清朝を敗り、その前は元朝の侵略をはねかえし、さらにその前は隋王朝に絶交を申し出た傲岸不遜にして尊大な国という位置づけになる（さらに許せないのは朝貢の立場を顧みずに日本が経済的に先に繁栄し、文明を発展させ、デモクラシーを享受するとは！）。

漢字が共通で、儒教を共有しているから日本と中国は「一衣帯水」というのは根底的誤解である。文字の共通項は半分ほどしかない上に文法と発音はまったく違う。儒教は日本で進化し道徳の規範となったが中国では空文、まったく顧みられない。

見かけは同じでも中国人と日本人の精神のあり方はまったく異なる。この事実を多くの日本人が理解し、「日中友好」が欺瞞であると了解できたことはむしろ江沢民が仕掛けた反日キャンペーンの逆説的効果だったのである。

とくに対中屈辱外交を繰り返してきた日本政府と外務省への国民の不信感、そうした抗議活動の増大を目撃すると、中国の振る舞いが日本人を別の方向へ駆り立てて日中関係には大きなマイナス効果を生んでいたことがわかる。

そして日本の知識人は北京のいいなりの如きＮＨＫや朝日新聞の報道や論説を頭から信じなくなった。

総じて江沢民が展開した反日政治キャンペーンは中国の国内政治の混乱、社会秩序の崩壊、他方で日本における嫌中感情の増大を目撃すれば、失敗だったことがわかる。

広東の利権争奪戦

江沢民の政権安定化の目標と同時に上海派が狙ったのは富の独占であった。出身地・上海の利権を根こそぎ固めたばかりか経済繁栄の続く華南の中心、広東省をおさえるという明確な政治目的があった。

中国の権力者にとって広東の富をおさえるのは毛沢東時代からの政治的宿題なのである。とくに毛沢東は広東への出稼ぎが多い湖南省の生まれ、鄧小平は、まだその奥の四川省の出身である。彼らは沿岸部の富に嫉妬したが、同時に富の独占を目的とした。力と資金を持たなければ中国の皇帝に合法性が付帯せず、権威も醸し出せないではないか。カネは拝金亡者という動機よりも、政治的権力のシンボルと中国人は古来から信じてきたからである。

話は飛躍するが、先の文脈から筆者には昨今の「大阪維新の会」の連勝ゲームをみると、次のような考え方が浮かぶのである。

第一に「大阪都」を標榜するが、その「都」という不遜な呼称を無造作に用いる語感と歴史認識の曖昧さへの大いなる疑問である。大阪にはかつて難波宮がおかれ、古代の都があった。信長が敵対しても落とせなかった石山本願寺は一向宗の聖域であり、宗教の中心地だった。その後、秀吉は石山本願寺跡に壮大な大坂城を構築し、天下に号令を発する政治都市とした。だが都は京におかれたままだった。家康は政治中枢を江戸に移したが、京に天皇はおられたままだった。すなわち「都」とは天皇陛下のおすまいがある場所を指す。

第二は大阪人の反中央という抜きがたいルサンチマンだ。大阪人の言動を目撃するにつけ思い出すのは上方から江戸へと日本の文化と商業の中軸が移動したことへの、名状しがたい反感である。

そして連想するのだ。なるほど広東人の気質と似ている、と。

広東商人の挨拶は「おはよう」ではなくて、「儲かりまっか」である。広く福建省を含めた華南の人々は「おはよう」「こんにちは」の代わりに「めし食ったか?」である。挨拶ばかりではなく、たとえば冠婚葬祭の儀式も異なれば、味も違う。しかし地域が離れたら言語、文化、立ち居振る舞いが異なるのは当然の現象であって、そのことをことさら問題視しようとは思わない。いまも広東省、福建省、浙江省など華南の人々は「反・北京」である。中央への反発心が強いのだ。

そもそも広東は革命家を輩出した本場である。孫文も洪秀全も、そして共産革命の原動力となった烈士の多くが広東省出身者である。

ところが革命の成果は毛沢東ら湖南閥に奪われ、その怨念が堆積している（くわしくは拙著『出身地でわかる中国人』ＰＨＰ新書刊）。鄧小平は文革で失脚したとき、広東省の梅県に隠棲してじっと機会の到来を待った。梅県は革命元勲で毛沢東にもにらみの利いた葉剣英将軍の地盤であって毛沢東は手出しが出来なかった。

大阪の人々は京都人ほどではないにせよ、「東京からの再遷都を」という思惑をも秘めた、同じルサンチマンを感じるのだ。

第三はオチャラケ、陶片追放という連想である。しょせん、デモクラシーなるはポピュリズムを基底とする衆愚政治である。洗脳と宣伝が衆愚を操作し、情報操作がうまければ、政治権力を奪取できる。マスコミは宣伝装置に化ける。

かつて大阪府民は知事に横山ノックを選び、参議院議員には西川なんとかという漫才師を選び、そのオチャラケに表れる底流の意識にあるのは、中央に一泡吹かせるという無意識的願望が含まれる。この流れは全国に伝播し長野県知事にぺりぐろ、宮崎県知事にそのまんまを選ぶ流れに繋がっている。ふざけているとは言わない。しかしまじめではないことも確かではないのか。

ソクラテスは陶片追放というデモクラシーを嫌ったが、「法治」を尊重し、衆愚が死ねと言えば、毒杯を仰いで死んだ。

英雄ハンニバルは象部隊を率いてアルプスを越え、ローマ陥落の一歩手前まで歩を進めたのに本国の平和主義者の合唱は敵に塩を送り、やがてカルタゴは滅びた。ハンニバルはフェニキアに亡命したが、かの地で自殺した（毒殺されたともいう）。

民主主義はその後、ローマも滅ぼし、いずれ日本の政治を転覆させる元凶となるかも知れない。民主主義が文明の敵であることは古今東西、変わらない真理である。

筆者は橋下市長を「小さな小さなファシスト」と比喩したことがある。ポピュリズムの本質には変わりはない。「山が動く」と社会党のおばはんが叫んだら京都あたりでは70歳のお婆さんもマドンナと言われ、日本新党は「新」の割には老人が混ざり、小泉現象では奇妙きてれつな人々が混入し、そして消えていった。前回の民主党ブームも同じで次は「野田とともに去りぬ」。

ともかくポピュリズムは恐るべき畏怖と期待と破壊力を同時に持っており、ローマ、ギリシアの時代から、このポピュリズムによってアテネとスパルタという都市国家は戦争をした。カルタゴ vs ローマでも、あたかも武装を忌避したカルタゴの商業国家は道徳が地に落ちて大破局を招いた。

第四は、しかし選挙は椅子取りのゲームであり、この競技の技に通暁した集団が勝ったという結果が冷厳な事実である。

胡錦濤時代から習近平時代への移行期にある中国は公害、暴動、汚職、不正の横行。全ての混乱はカリスマ指導者が中国にも不在という現実から惹起された。

毛沢東の独裁や鄧小平の「鶴の一声」が不在となって求心力が失われ、さしずめ中国共産党の独裁の中枢は「闘鶏場」のような喧噪な賭場である。

毎年7月ごろ、河北省秦皇島の手前にある夏の保養地、北戴河に幹部が集合し、ほとんどの基本路線が決められる。江沢民、朱鎔基、李鵬、喬石、李瑞環ら古参幹部。万里、宋平、尉健行ら化石のような過去の指導者が勢揃いする。だが、この長老達の同意なくして基本問題の合意は形成されないという見えないシステムが、中国共産党の不文律である。

前回の党大会直前の状況を振り返るため時計の針を5年前にもどしてみよう。

２００７年10月22日、中国共産党第17期中央委員会第1回総会は党大会終了直後に開かれ、中央委員２０４人、同候補１６６人が出席した。

総会は中央政治局委員、中央政治局常務委員会委員などを次のように選出した。

中央政治局常務委員会委員＝胡錦濤、呉邦国、温家宝、賈慶林、李長春、習近平、李克強、賀国強、周永康（序列順）。中央政治局委員＝王剛、王楽泉、王兆国、王岐山、回良玉（回族）、劉淇、劉雲山、劉延東（女性）、李源潮、汪洋、張高麗、張徳江、兪正声、徐才厚、郭伯雄、薄熙来（このトップ25人のうち徐才厚と郭伯雄は軍人）。

中央書記処書記＝習近平、劉雲山、李源潮、何勇、令計劃、王滬寧。

中央軍事委員会主席＝胡錦濤。副主席＝郭伯雄、徐才厚。委員＝梁光烈、陳炳徳、李継耐、廖錫竜、常万全、靖志遠、呉勝利、許其亮（後日、習近平も副主任に滑り込む）。

中央紀律検査委員会書記＝賀国強。


ついで中国共産党は政治局常務委員に昇格した習近平の後任の上海市党書記に兪正声・湖北省党書記を充てた。

兪正声も典型的な「太子党」の一員で、父親は初代天津市長を務めた兪啓威。かれは紹興生まれ。周恩来、魯迅とおなじ紹興酒人脈。兪は２００２年から政治局員というベテラン、第17回党大会直前も常務委員への昇格が高い可能性で噂されていた。

兪正声はハルビン軍事工程学院卒業後、電子工業省や山東省の工場勤務の経験があり、煙台市、および青島市党書記、中央政府の建設相を勤め上げ、２００１年から湖北省党書記に昇格していた。

湖北省といえば省都は武漢。北は河南省、東は安徽省、南東部と南部は江西省と湖南省、西に重慶市、北西部は陝西省と隣接しており、加えて長江、漢江の二大水系にまたがって水利にはめぐまれ、経済発展が著しい。

重慶特別市の書記だった汪洋は広東省書記に栄転し、空席を商務大臣の薄煕来が埋めることも決まった。各省人事の玉突きは派閥均衡のもとに進んだが、巨大行政区、経済特区をかかえて予算が潤沢なところに実力者が配置される傾向になる。ともかく中国共産党新執行部の公安、規律、法務を「太子党」と「上海派」が掌握した。

「団派」（共青団）の、もうひとりの出世頭で、李克強のライバルは李源潮（江蘇省前書記）である。政治局員になった李源潮は「中央組織部長」を兼任した。これは胡錦濤の権力地盤強化、共青団の躍進などと分析するメディアが多いが、その見方には一種の危険がともなう。

李源潮はたしかに李克強と並んで「明日の指導者」と待望された時期があり、胡の子飼いのライバル2人、次期総書記レースの主人公に擬せられた。しかし李源潮は共青団のエリートでありながら同時に「太子党」なのだ。上海復旦大学数学科卒業、父親は李干成。文革前の上海副市長である。だから李源潮は共産党幹部上層に青年時代から顔を売ってきた。

李源潮が江蘇省書記時代、太湖の青藻汚染が世界に喧伝された。美しい湖、観光資源がすっかり汚染され、異臭を放ち、誰も寄りつかなくなった。しかし李源潮はこの責任をまったく追及されず、安穏に出世をはかれたのも党高官に知り合いが多く、お互いにかばい合う「太子党」という側面が強いからだ。

たしかに共青団人脈の印象のほうが強く、李源潮は胡耀邦、胡啓立、田紀雲らの考え方（改革派）に近い。したがって「組織部長」就任は上海派からも太子党からも反発はなく、いわば共青団人事というより、三派連立（団派、上海派、太子党）のための妥協の産物といえた。まして共産党の構造のなかでの組織部長とは部長、省長、副部長、副省長の任命権限がなく、これらは政治局常務委員会の専管事項である。

周永康の常務委員入りを機に各ポストの玉突きが起きた。新公安部長に江沢民派・黄菊系の孟建柱（江西省党書記）が就任した。

孟建柱は江蘇省出身、91年に上海に赴任、93年副市長を経て、2001年から江西省書記についていた。上海時代に薫陶をうけたのが江沢民の子分、黄菊（上海市長から政治局常務委員を歴任、故人）だった。

犯罪、とくに汚職、腐敗取り締まりの元締めが周永康から孟建柱になった。こうなると上海派の汚職摘発は一体、なんだったのか。

胡錦濤の初期執行部とは公安、規律、法務を「上海派」が掌握し、換言すれば税金泥棒、腐敗の権化どもが「裁判官」と「目明かし」も兼ねるという、この不条理。まさに歴代王朝の腐敗に酷似してきた。

もし日本のメディアが胡錦濤に「改革派」とか「中国のゴルバチョフ」を期待していたとすれば完全に的はずれであり、旧上海派（江沢民残党）と太子党に挟まれての党大会での諸決定は胡錦濤にとっては人事戦争における「大敗」だったのである。

一時期は李克強がリードしていた

胡錦濤は前期の後半戦で権力基盤固めという剥き出しの政治的野心を燃やし、自派有利に展開しようと躍起になる。

このころ、李克強（遼寧省書記）が頭ひとつリードしている実態が浮上した。というのも2008年の通称「大連ダボス会議」で李克強が国際舞台へデビューを飾ったからだ。李次期共産党指導者として、温首相が李克強を各国からの参加者に紹介して歩いたのだ。李克強は共産主義青年団のリーダーとしてめきめきと頭角を現し、河南省書記に就任した頃から第五世代指導者のトップランナーに擬せられていた。

李克強は中国東北地方（旧満洲）の経済躍進を実践してきた。しかも大連は李克強が書記をつとめた遼寧省の玄関口、彼の前任者が薄熙来だった。アカシアで有名な大連は日本時代から港湾設備が良く、現在も日本企業が進出するメッカである。つまり共青団にとって李克強の遼寧省書記への移動は大連の利権を薄熙来の影響が残る残党的な企業や人脈から奪い取るという裏の意図が秘められていた。

李克強は１９５５年生まれ、安徽省定遠出身。北京大学経済学部から大学院卒業、法学学士、経済学博士。安徽省は胡錦濤と同郷になる。

北京大学共産青年団書記を振り出しに共産主義青年団中央常務委員、学校部部長兼全国学校連合会秘書長などを経て、85年に共産主義青年団中央書記処第一書記。98年から河南省副書記、99年に河南省省長。２００２年に中国共産党河南省書記。04年に遼寧省書記に栄転し、中央委員を務めてきた。

李克強はエネルギッシュな印象が強いがマイナス面も否めない。

とくに李克強が河南省書記時代に「エイズ県」といわれるほどのエイズ禍の蔓延に無策であったばかりか、エイズを告発した女医を監禁し、さらには国際的ＮＧＯの河南省での活動を徹底的に妨害し、取材をさせなかった。

チベットで書記時代に血の弾圧を敢行して中央政界の覚えめでたきを得た胡錦濤のように、エイズ蔓延を機密として報道をおさえこんだ（現にエイズ村へ潜入をはかった福島香織は変名で村の安宿に泊まり、決死の取材を潜行した。その記録は『潜入ルポ　中国の女』、文藝春秋刊）。NGOボランティアを妨害した〝功績〟が高く買われたわけだ。

こうして団派がかなりのポストを占めて、やや増長していた頃、水面下では江沢民の右腕だった曽慶紅が中軸となって画策を始め、団派とのバランスをとるために「太子党」の象徴でもある習近平の政治局常務委員会入りを狙って、その条件を整えつつあった。

公安系を牛耳る周永康を背後で手繰る曽慶紅（当時、国家副主席、太子党の黒幕でもある）は大量の太子党を次期幹部として登用させるべく政治の舞台裏に暗躍していた。

早々に上海市党書記に習近平（当時は浙江省書記）をもってきたのも多方面に顔が利く曽慶紅のフィクサーぶりをいかんなく発揮した人事だったのだ。

軍人を党内バランスの梃子《てこ》に

江沢民が在任中、異常な熱意で力を入れたのは軍部の取り込みである。なにしろ政権は鉄砲から生まれるのだ。

そのためには軍事予算を肥大化させてほかのプロジェクトを犠牲にしても国防費の二桁増を飲み、軍部が求めた新兵器開発や装備更新をほぼ全面的に認めるほど軍と妥協につぐ妥協を繰り返した。このため軍の長老達は「江沢民はなかなか見所がある奴じゃ」という短絡的で狭窄な評価に結びつく。

増長した軍は内部にタカ派の論客を多数かかえるようになる。中華思想の偏執的変形が軍事ナショナリズムだ。これは江沢民の軍への妥協が招いた悪である。

総参謀部長に強硬派の陳炳徳（前総装備部長。中央委員）が任命され、また国防部長に梁光烈（前総参謀部長）が就任した。

胡錦濤は軍内から信望を容易に得られず、とくに曹剛川（当時、国防部長）、梁光烈（当時は総参謀部長）から全幅の支持を獲得できなかった。

陳炳徳は梁光烈より1歳年上、本来なら「引退組」の筈だったのが第18回党大会まで生き残った。陳は南京軍管区司令員、済南軍管区司令員を経て04年には中央委員となっており、爾後、総装備部部長に就いた。あの95年、96年台湾ミサイル危機の時の司令員だ（この場合の「司令員」は師団長クラス）。

新参謀総長がきまって空席の玉突きゲームが始まった。

人民解放軍は地方を7つにわけての「軍管区」と、縦割りの四つの組織「総政治部」

「総参謀部」「総装備部」「総後勤部」で構成されている。

地方軍閥が再び割拠しないように立体的組織としたからだ。党大会までに7つの軍管区トップがすべて入れ替わった。

意外な人物が軍のなかに台頭してきた。

胡耀邦（元総書記）は、いまだに中国知識人のあいだで人気は衰えていない。日本にとってもこれほどの親日家は珍しかった。会議中に激昂して急逝した。息子の胡徳平とて老いた。胡耀邦には娘もいる。幼年時代の名前を胡満妹といった。いまの名前は李恒。中華医学基金会理事である。その李恒が幼年時代の名前「胡満妹」をペンネームに、『父、胡耀邦をしのぶ』を北京出版社から出版した。幼名を筆名として父親の回想録を書く手法は鄧小平の娘・鄧楠と同じである。各地でサイン会。列が出来るほどの人気は父親・胡耀邦の人気がいまも衰えないからだろう。

その李恒の夫が軍人＝劉曉江中将である。やはり革命時代の軍功があった父親の引きで軍隊畑一筋に歩み、軍の文化部長、海軍紀律委員会書記、総政治部副主任とエリートコースを歩んだ。劉は江西省の人で黒竜江省の大学をでている。

こう見てくると胡錦濤は強硬派を巧妙に政治テコに用いて軍内の反胡錦濤派を一掃し、ついでに曽慶紅が推した周永康の中央政治局常務委員会入りを躊躇った。

中国のような易姓革命の国では権力は暴力装置なくして成り立たず、軍事委員会、総参謀部、総装備部に次いで中央警務局、警察、公安、国家安全部、武装警察を押さえなければ独裁的権力の掌握にはならない。日本の警察庁、公安調査庁、機動隊という分け方に中国の警察機構が準拠すると考えるのは大きな間違いで、そもそも中国の警察は人民の敵であり、監視し鎮圧する暴力装置の一環である。警察に通報する110番は電話が鳴りっぱなしでも、日本のように5分以内にパトカーが来ることはあり得ず、だいたい110番に寄せられる情報をまともに取り上げず、誰も捜査にいかず、かの周永康がある日、突然、視察に赴いたが誰も周の顔を知らずに警察署内で賭けトランプをしていた。「いったい、どうなっているのか」と周が怒ったという嘘のような話が伝わっている。

最近、中央軍事委員会は「十大元帥」の1人に、かの林彪を復活させた。この椿事がシンボライズしたのは、軍内に大きな地殻変動の動きがあることを証明している。

要するに革命以後は「軍功」のあった乱暴者が武勲を笠にきてトップに就いた。政権が落ち着くと戦争を体験していない世代がトップとなって、日本流に言えば「加藤清正から石田三成」の時代。軍官僚とくに技術に明るい軍人が要職に就くようになる。

林彪の復活を普通に考えると軍人主流派の巻き返しを意味するが、暗闘と陰謀がつきものの国だけに表面的解釈はたいそう危険である。林彪を政治カードで用いる背景には、明らかな謀略的思惑があり、意図的に吹聴して敵の反応を見たり、過剰反応が出れば引っ込めたり、その対応の柔軟さの極意はトランプゲームのごとし。

最近まで中国軍の強硬派は3人いた。

敢然として胡錦濤に逆らった劉亜洲（空軍副政治委員）は中国の覇権を確立するための軍事論を立案した。劉の人脈には『超限戦』という物騒な本を書いたパラノイア的偏執的な軍事主義者が多く集う。だが劉亜洲の脆弱さは頭でっかちで実績がないことである。ナショナリズムを鼓吹するだけの時代は軍のなかでも終わった。

また核兵器の先制使用を訴えて世界中から注目を浴びたのは朱成虎（国防大学防務学院院長、朱徳の息子）だった。

「愛国」を叫べば無罪、その「反日」の頭目と言われ、軍の情報の元締めだった熊光偕（中国国際戦略学会会長、対日タカ派の領袖）は引退したとはいえ依然として隠然たる勢力を軍内に根付かせている。日本の自衛隊情報筋が注意した人物である。だが熊光偕もまた中国人民解放軍のなかではナショナリズムを獅子吼するだけの特異体質漢と考えられている。

それなら新しい軍事思想なるものが中国人民解放軍にはあるのか？ 抽象的議論よりも人事抜擢における人脈という縮図からこの難題を繙いてみると、次のような「重要人物」が一斉に登場した事実に注目したい。

新しい集団は「宇宙ギャング」と比喩される。有人宇宙飛行、宇宙船、そしてミサイルでの衛星破壊実験成功などで宇宙開発に貢献した実績を認められた軍人らが一斉に上層部を占めたからである。

なかでも象徴的な出世頭が張慶偉（中国航天科学技術集団総経理）。かれは国防科学技術産業委員会（閣僚級）主任に任命され、もっとも若い閣僚となった。

張慶偉は河北省出身で大学卒業後「６０３研究所」で航空機の尾翼開発担当をしていた。一度、大学院へもどり、航空機エンジンを学んだ後、宇宙関係諸施設に配属され、打ち上げセンターへ。ここでは民間の衛星打ち上げをビジネスとした。米国のアジアサット打ち上げを成功させ、さらにコンピュータ技術で打ち上げの精度をあげることに成功。くわえて１９９０年に米国ヒューズ社のアジアサット2を逆に中国製「長征ロケット」で打ち上げ成功させ、世界から注目された。あのときのチームを率いたのが張慶偉だった。96年から通算61本の長征ロケットによる衛星打ち上げビジネスは94％という高い成功率を誇る。打ち上げセンターの主力基地は甘粛省酒泉の北方、砂漠地帯にある。

97年には「東方3型」（長距離ロケット。ミサイルが原型）で衛星打ち上げに成功。同社の利益を肥大化させ、01年には共産党中央委員会入りした。この間、通信衛星をナイジェリアとベネズエラにも輸出した。このバックには軍の総後勤部にあつまる副主任クラスの活躍がある。第18回党大会で政治局入りする可能性がすくなからずある。

遅萬春（総後勤部政治委員。陸軍大将。山東人脈）はハルビンで宇宙工学を学んだが、各地の打ち上げセンター勤務のあとカシュガル衛星監視統御センターの党書記などを経て中国各地にある戦略的ロケット打ち上げ部署を担当し、実績を積み上げてきた。ファミリーネームの遅は、遅浩田元国防相とは縁戚関係はない。

黄作興（総装備部副政治委員、少将）。山西省人。党中央学校で経済マネジメントを学び、太源宇宙打ち上げセンター政治委員などを歴任している。

張建啓（中将）も総装備部副政治委員を務めるが、山東人脈でハルビンに学んだあたりは遅萬春と似ている。有人飛行を成功させた「神舟」の打ち上げは酒泉打ち上げセンター。その所長を歴任し一躍出世した。

朱発忠（中将）は安徽閥。北京大学でコンピュータ数学を専攻し宇宙専門家として入隊。ミサイルを担当した。各地のミサイル飛翔センターを経て、ミサイル実験設備の改良開発に努め中央委員候補になった。

これら一連の出世頭に共通するのは、むろん業績第一ではあるが、もっと重要なことは軍のメンタリティである好戦性、とりわけ宇宙空間を戦場と平気で考え、平和利用から逸脱する危険な冒険主義を推進した前任の遅浩田国防相の強硬路線を踏襲し、それがまた軍ならびに党における出世コースであることが前提条件となっているのが事実である。

「上海派」の巻き返し

江沢民院政の残滓を引きずった「上海派」の巻き返しは強引なかたちで露呈した。

前回の党大会の直前、胡錦濤は目には見えない、中国的な政治の大きな固まりにぶつかった。

第17回党大会では政治局常務委員を9名から7名に減員させ、その機会に便乗して江沢民の息のかかった賈慶林、呉官正、李長春を政治局から追い出して共産主義青年団人脈を抜擢する手筈だった。そのために胡錦濤は李克強（遼寧省党書記）を布陣させてきた。

曽慶紅は、「太子党」から人材を抜擢して、これを上海派との対立の効果的な緩衝剤としてテコにつかい、次期執行部を総主流派の連立というより野合形式で成立させ、実は曽慶紅自身も居座る思惑で、舞台裏の暗躍をしてきた。曽は序列第5位で表向き「国家副主席」だが事実上のナンバー2だった。上海派にとっては政治局常務委員会で多数派を占めるには、7名より9名のほうが都合が良いのだ。

江沢民派、すなわち上海派の巻き返しは曽慶紅の暗躍に巧妙に乗りつつ、曽人脈にあって上海派との距離も近いという習近平（上海市書記）をいきなり李克強より上のランクで政治局入りさせ、近未来の総書記、国家主席を担わせようという路線に結実した。

この時期、世界的なチャイナ・ウォッチャーとして知られるウィリー・ラムは「次のナンバー2」に意外な人名を挙げた。

張徳江である。結果的にこの予測ははずれたものの張徳江は政治局員に滑り込んだ。張徳江（広東省書記から副首相、現在は薄失脚後の重慶市書記）はすでに65歳。若くはない。1946年遼寧省生まれ、朝鮮金日成総合大学経済学部を卒業した。張徳江は共産党吉林省延辺州党副書記を振り出しに民政部副部長、党組織副書記。90年には吉林省党副書記。翌年に書記。98年浙江省党書記に栄転し、ついで繁栄の象徴である広東省党書記にのぼりつめた。

張徳江は保守派であり、どちらかといえば旧江沢民派を代表するので胡錦濤にとっては歓迎する派閥メンバーではない。だからこそ総主流派のバランスのうえに次の人事を模索する胡執行部にとって張の名前を出すことは政治的アドバルーン（観測気球）だった要素が強いとは言え、常任委入りの可能性は残っている。

利権を毟る人、毟られる人

共産党幹部の息子らが権力の周辺で権益を毟り取る構造はつづいている。

太子党の膨大な利権を共産主義青年団などという党テクノクラートなんぞには渡せるものかというのが、守旧派、上海派の腹づもりなのだ。

李克強は、せいぜいが次期首相どまりとさせ、守旧派はさらに温家宝首相一族のスキャンダルを表面化させて、首相の座からひきずり降ろそうとした。その口実は「経済過熱を抑制できなかった」と主客逆転で責任をなすりつけるため経済金融政策の失敗を挙げた。

この政治的デッド・ロックを乗り切る手だてとして、胡錦濤は台湾問題を唐突に議論のトップに据えた。

台湾は従来主張してきた「中華民国」としての国連加盟運動を取りやめ、陳水扁政権は「台湾は『台湾』としての国連加盟」という政治キャンペーンを国際的規模で開始した。

ならば「台湾が独立すれば軍事的行動を辞さない」と公言してきた人民解放軍に胡錦濤は、老獪かつ巧妙に「公約を守れ」とばかり、強硬路線を政治的に煽って軍の支持を盤石なものとしようと試みたのだ。対台湾強硬路線を確定してゆく過程のなかで人事戦略を意のままに仕上げようとした。

土壇場で情勢がまた変わった。

『多維新聞網』（07年10月6日付け）は周永康の政治局常務委員入り確実視を伝えた。同紙はこのとき、賈慶林の居残りの可能性もつたえ、一方で「浮上する4人」の名前に李克強、周永康、習近平と賀国強（中央紀律検査委員会書記）をあげた（後日、この人事予想は全部あたった）。理由は「習はどうやら江沢民夫人の縁戚。賀も旧幹部トップに近い縁戚関係がありそう」。かくて評判が悪い周永康が政治局常務委員となり公安部門のトップとなる。

当時、公安部長を狙うとされた人物は〝石油派〟の代表格の王楽泉（当時は新疆ウイグル自治区党書記）だった。ところが王楽泉は山東省を舞台のハニー・トラップ（中国語は「情婦門」）に関与した疑惑が拡がり、いきなり埒外へ。

ハニー・トラップはなにも外国人をスパイに仕立てるだけの目的で中国の国家安全部などが仕掛けるのではない。中国では賄賂の一手段として、あるいは政敵を陥れるための戦術でしばしば用いられる。情婦をあてがい高級役人を共犯とする遣り方は、日本でもあった。最悪の密輸事件となった「アモイ事件」でカナダへ逃亡した主犯の頼昌星も、軍の長老から地元の共産党幹部をつぎつぎと「情婦の館」（紅楼）と呼ばれる高級サロンへ「招待」して籠絡、利権を拡大した。頼は中国密輸の大半を牛耳っていた（２０１２年5月19日、頼には無期懲役の判決が下った）。

王楽泉は山東省から出世階段を駆けのぼり16年の長きにわたって新疆ウイグル自治区を統治し、実権を握ってきた。同区はこれまで産業の発展から取り残されて貧困に喘いだ。その上、住民はウイグル族が主体で、イスラム教徒が大半。漢族が治めるには大変な地域である。反漢族暴動は大規模な武装叛乱だけでも10数回、国外に伝わっている。

毛沢東は民族移住政策を採って、まず満洲族を、この地へ強制移住させた。文革時代には多くの青年を「下放」させて定住させ、ともかく漢族人口を増やした。「生産大隊」という軍人らは70万人が移住させられ、現地で農業をしながら自炊生活。いま、この息子、孫等が新疆に居残っての生活をきらって都会へ夥しく流れ込む。

ともかく人口流入の結果、10年前すでに省都のウルムチの人口４００万人のうち、７割が漢族となった。

未開の砂漠にガスと石油が出た。砂漠のオアシス、寒村でしかなかったコルラが石油基地になり、周辺にも繁栄が拡がった。石油とガスのパイプラインが上海へと繋がり、西北のカザフスタンともパイプラインが繋がり、さらには天山山脈の支流と農耕地、都会を結ぶ運河が開墾され、さらに遠くトルクメニスタンからカザフスタン経由のパイプラインの敷設工事が完成した。新疆から広東の広州へと繋がるパイプライン工事も完成した。王楽泉はこの類いの利権の巣窟のごとき新疆ウイグル自治区を16年にわたって治め、利権を寡占してきたのである。

王楽泉の振り出しは山東共産主義青年団の副書記だった。86年に党学校を出てからトントン拍子の出世をとげ、91年に新疆へ。副書記、副省長から党書記。つまり本来は団派の人脈にあるのだが、途中から江沢民へごますりを続けた。「新疆覇王」と呼ばれた時代に、弟の王楽義は「新しい農業」を吹聴して、面妖なビジネスを立ち上げ、かれが山東の古巣を舞台に、党中央の幹部を接待した。

ハニー・トラップに話を戻すと金人慶（前財務大臣。江沢民派）が更迭された理由も「愛人問題」だった。陳良宇（前上海市書記）も汚職で失脚したが、付帯した醜聞は複数の情婦問題。これが「情婦門」である。この遣り方で王楽泉が中央復帰を狙い、しかも次は周永康の後釜として「公安部長」を狙っていたのである。

しかしながら王楽泉の評判はあまりにも悪く、新公安部長には江沢民派・黄菊系の孟建柱（当時、江西省党書記）が就任したことは述べた。孟建柱は江蘇省出身で上海派である。

ここで整理してみる。

第17回党大会直前の段階で留任が確定的とされたのは胡錦濤（国家主席）、呉邦国（全人代委員長）、温家宝（首相）、曽慶紅（序列第5位、国家副主席。引退の可能性が出ていた）。「退任確定」のリストに入っていたのは呉官正（汚職摘発で辣腕だったが、公安系と対立か）、賈慶林。羅幹（守旧派）、李長春（やや印象が薄れた）。

政治局常務委員入りを争う新星として内外の注目をあつめた李克強（遼寧省書記。知日派。小沢一郎の家にホームステイ経験あり）、習近平（上海市書記。太子党の典型。習仲勲の息子。上海派との繋がりも）、周永康（公安部長。強面。江沢民派）、賀国強（中央組織部長、ダークホース）。とくに習近平は故・習仲勲（元副首相）の長男で太子党の象徴。文化大革命中、陝西省に下放されて農業従事の経験があるものの当時は浙江省書記だった。

しかし習近平に付帯した印象は「浙江財閥」で、これでは悪いイメージがつきまとい、繁栄に湧く浙江省トップの座にあったが、距離的にも上海に近くビジネス上の結びつきも深く、したがって太子党と言っても上海派にどっぷりと近いのだ。

この列に兪正声（現上海市書記、その前は湖北省書記）がいた。兪は北京大学卒。父親の兪啓威は元江青の夫だった。再婚した范瑾は北京市副市長を歴任。太子党の典型。夫人も太子党で元国防部長・張愛坪の娘＝張志凱だ。

結局、政治局は25名に増員され、抜擢が予測された劉延東（女性政治家、統一戦線工作部部長）、汪洋（重慶市書記）、薄煕来（商務部長、元大連市長、前遼寧省長。日本企業には受けがいい）、王岐山（北京市長、姚依林の女婿）。そして張高麗（天津市書記。胡派）、趙楽際（峡西省書記。最も若い書記で次の次のホープ）、趙洪祝（浙江省書記。前組織部副部長）らの名前が挙がった。経済畑からも周小川（中央銀行総裁。世界的エコノミスト）、戴相龍（前同、天津市長。やはりエコノミスト）、胡徳平（胡耀邦の息子。政商会議主任か）、韓正（上海市長。経済畑）、馬凱（エコノミスト。温首相来日に随行）らの名前が挙がった。

軍からは結局、郭伯雄（軍事委員会副主任）と徐才厚（同）が政治局入りを果たした。当時もライジング・スターと言われたのは遅萬春（山東—ハルビン人脈）、葛振峰（副参謀総長。河北省出身。元軍事科学院長）、楊志琦（総参謀補佐。中将。元参謀総長楊得志の次男）、李継耐（大将、中央委員。総政治部主任）、劉源（軍事科学院政治委員、劉少奇の息子）だった。

ほかに今後、影響力が拡大しそうな軍人は劉振起（空軍中将、総政治部副主任）、李買富（空軍中将、総後勤部副部長）、張慶偉（中国航天科学技術集団総経理。もっとも若くして閣僚）、黄作興（総装備部副政治委員、少将。太源衛星発射基地〈63710部隊〉

政治委員）、張建啓（中将。元酒泉衛星発射基地副主任）、朱発忠（中将、安徽閥、李克強ラインか）らと下馬評は喧しかった。

結果的に曽慶紅と呉官正・中央紀律検査委員会書記、羅幹・中央政法委員会書記が引退し、胡錦濤・総書記、呉邦国・全国人民代表大会常務委員長、温家宝・国務院総理、賈慶林・全国政治協商会議主席と李長春が残った。予想外に江沢民派が大量に居残ったのだ。胡錦濤は最初から周りを江沢民監視団に囲まれ、江沢民院政を事実上受け入れざるを得なかったのだ。

新たに習近平・上海市党書記、李克強・遼寧省党書記、賀国強・党中央組織部長、周永康・公安相が政治局常務委員に加わり、後者2人は各々党中央紀律検査委員会書記、党中央政法委員会書記に就任。この政治局常務委員の新しい顔ぶれをみて、胡錦濤はまったく人事を押さえ切っていない現実が露呈した。

9人の政治局常務委員には胡錦濤、温家宝、李克強の3人が辛うじての胡派。居残りの呉邦国、賈慶林、李長春の3人は明らかに江沢民派の残党。これに新任の習近平、周永康、賀国強の3人がいずれも上海派か太子党からだった。

すなわち3vs6というパワーバランスで胡錦濤派は劣勢だったのである。

どうひいき目にみても、江沢民との距離があるからといって李長春と呉邦国は上海派と関係が深く、新人のなかでは李克強以外、胡錦濤の気心が知れた同志は少数派。政治局全体25人のなかでは、ようやく胡派が目立つが、ヒラの政治局員に絶大な権限はない。この流れが今日に至る。

そして次節から述べるように米国は対中外交方針を劇的に変更させた。この中国外交の死活的重要要素である対米路線のジグザグが、胡錦濤路線を左右から激しく揺さぶり、彼の曲芸的な内部の綱渡りもまた、江沢民時代との強弱の違いはあるが、「日本」を政治カードに利用して政局打開の戦術にすることにある。

中国人はウィキリークス騒動を知らない

ウィキリークスの中国に関する機密暴露は中国国内ではグーグルなどが閉鎖され、微博などの有名ブログも管理下に置かれているため、なかなかネットから閲覧できない。したがって国民の多くが騒ぎを知らない。

一般的反応は日本で出ている華字紙ならびに在米華僑が運営しているネット上の『多維新聞網』、『博訊新聞網』などを読めば大まかな受け取り方が了解できる。

たとえば在日中国人が出している『東方時報』（11年1月6日付け）をみよう。見出しは「維基解密披露的中美関係」とある。「維基解密」とはウィキリークスの意味である。曰く「西側の新聞は驚天動地と騒いだが、中国に関しての機密暴露にはニュース価値のある情報はなかった。みんな知っていることばかりである。むしろ中国の外交部が、うっかり駐在米国大使に機密の類いを喋っていたとするなら中国のシステム上、外交部が一番脆弱な部署だという事実が確認された程度だった。それよりも重要な事実を確認できた。それはオバマ政権が対中戦略を変更したといいながらも米国は依然として中国重視、米中関係を基軸にアジア状勢に対応していることがわかった」。

表向きの強がりはともかくとして既に中国のネット空間では若い世代はまったく異なる世界観を持っている現実が浮上した。

ネットでは隠語、暗号などをつかって情報が飛び交っているが、そのキーワードとコツを取得して、タイミングさえ読みこなせれば情報洪水から相当量の真実をかぎ当てる術を若者達が得たのである。

たとえば人気作家、韓寒のブログ誌が停刊命令をうけて発行できなくなった事件でもネット情報のコツが明らかになる。韓寒は若い世代のチャンピオン、人気作家にして歌手、しかもカー・レーサーで、彼が主宰していた文化芸術社会論を戦わせるブログ『独唱団』は、僅か一号を出したばかりで閉鎖されたのだ。このブログの電子書籍は150万部を突破し、中国の若い世代から圧倒的な支持をえていた。

「中国共産党の官僚的、官僚機構という制度上の難題の中で、文化大国をめざす中国は、文化のわからない官僚どもに閉塞されている。やがて中国は『お茶とパンダのくに』として終わりを遂げるだろう」と韓寒はブログ最終号に書いた。

尖閣諸島帰属問題で韓寒は勇敢に発言を繰り返し、「国民が住居もなく土地の不公平な使用が行われて不満がたまっている中国の現状から目をそらすために対日領土問題で民族感情を煽るのはいかがなものか」と皮肉たっぷりに批判したのだ。この韓寒は、『タイム』誌2010年の「世界の百人」に選ばれたこともあり、10数冊の小説を発表している。デビュー作『三重門』は200万部を越えるベストセラーで、邦訳題名は『上海ビート』(02年、サンマーク出版刊)。

漏れ出した秘密とネット

さらに暴露されるとまずい中国の機密には次のようなニュースが含まれていた。

ウィキリークスへの漏洩はスイスの投資銀行に勤務するフランス人からだった。

顧客リストのなかから中国人の秘密口座保持者150名をピックアップした。大半が中国政治を牽引するはずの共産党中央委員クラスで、漏洩を知ったスイス当局からフランス法務省へ連絡が行き、この機密はいったん抑えられた。全体顧客リストのうち5千名ほどが中国人だった。

この秘密預金ルートの舞台は洗浄される拠点＝香港と密接に絡む。理由は香港が国際金融の魔都であり、ブラックマネーが自由に資金洗浄される場所であるからだ。

1997年の「香港返還」（中国では「香港回収」という）で政治、表現、結社の自由は奪われ、銀行は国有化されると怖れた英国系はさっと逃げの態勢にはいった。たとえばHSBC（香港上海銀行）は上場先を香港からシンガポール株式市場へ迅速に移転させ、それでも不安なのか、英国の中堅ミッドランド銀行を買収してロンドンへ本籍を移し替え、その支店ということで香港へ舞い戻った。

だがそういう必要ははじめからなかった。共産党は香港を別の意味で使いこなす本当の目的を隠していたのである。不正資金を香港で洗浄し、海外へ逃亡させる拠点として香港は重要なのである。

香港の有力者はそれぞれ中国共産党トップと強いコネクションがある。前行政長官のドナルド・ツァンは江沢民の右腕＝曽慶紅と繋がりが深かった。江沢民は個人的に唐英年と親しく、また習近平は霍英東と、温家宝は李嘉誠と深いコネクションがある。

香港情勢に詳しい樋泉克夫（愛知大学教授）によれば唐英年は香港政務司司長で行政長官の最有力者と言われた。五代前が無錫で繊維問屋を創業した唐景渓。この一族は1920年代に繊維業へ。中華人民共和国建国前後に香港へ。父親の唐千翔は半島針廠を中心に繊維王国を創立。典型的な「親中愛国商人」。唐英年はその長男で同王国の後継者。植民地政庁で政治的要職にもついている。出身地と父親の関係から江沢民人脈。

霍の父は朝鮮戦争当時、欧米の貿易制裁を受けた中共に対し、軍需物資を送って苦境を助けた（いわば「井戸を掘った」）ことから一貫して有利な対中ビジネスを展開してきた。その見返りが香港返還において香港経済界を北京ペースでリード。香港最大の親北京派。政治協商会議副委員長。83年にリンパ腺癌発病。以来、北京は最高医療スタッフで構成された医師団で対応。最後は北京で死亡。例の中国飛び込み界の女王＝郭晶晶の婚約相手が、霍の孫に当たる。習近平が父親以来の人脈を引き継いだ模様だ。

中国共産党幹部の大半が香港にペーパー・カンパニーを登記しており、特権を利用して巨額を洗浄し、スイスや北米大陸の口座へ送金する。だから香港のトップは中国共産党トップに便宜をはかる。こうなるとマカオにあった金正日の秘密口座など、彼らから見れば「子供銀行」のたぐいだろう。

香港誌『開放』（2010年12月号）に従うと政治局常務委員で薄熙来を最後までかば

った周永康はカナダに2千万ドルの秘密口座を開設しており、〝中国のバフェット〟と呼ばれるファンドに投資しているそうな。

ニューヨークの銀行口座には王岐山（副首相）、周小川（人民銀行総裁）の家族名義の口座が多数確認されている。銭其琛（元副首相、外相）の子、強尼はシカゴの銀行に口座があり、市民権を獲得している。シカゴの歳入庁（国税）が監査に入ったのは、強尼が市民権を申請したからだ。

ことほど左様に中国の機密が次々と漏れてくることに中国政府は「なぜウィキリークスを（西側は）取り締まれないのか」と苛立っている。中国では実際にウィキリークスへはアクセスが不能、庶民はウィキリークスって何のことか理解できないのだが、権力サイドは情報漏洩に敏感なのである。

しかし中国にとっても、このうえない迷惑ごととは機密が次々と暴露され、幹部が戦々恐々となったことだ。

直前にも中国はグーグルと揉めに揉め、ついにグーグルは検索機能を香港へ移転した。それも情報担当のトップ、政治局常務委員の李長春がためしにグーグルに自分の名前を打ち込んだところ猛烈な批判ばかりでカッとなったからだという。

李長春は江沢民に引き上げられた幹部だが、胡錦濤がチベットの弾圧ぶりを鄧小平に評価され抜擢をうけたように、かれは法輪功への血の弾圧が江沢民ら上海派に高く評価されての出世だった。だから悪口を書き込まれるのも当然だろう。

習近平の秘密って何だ？

米国外交文書の機密扱いのファイルに入っていたのは２００７年3月19日に行われた習近平と在北京米国大使クラーク・ランディとの会話だ。これは世界のメディアが取り上げた。当時、習近平は浙江省書記としてめきめき頭角を現していた。

大使は浙江省経済などを尋ねたりした。そのあと習近平は「わたしはアメリカ映画が好きです」と言い出したので、すかさず大使が「どんな映画を見ましたか？」と質問すると、「ハリウッド映画で『THE DEPARTED』（中国語映画名は「神鬼無間」）です」と答えた。「ディパーテッド」はアカデミー賞受賞作。日本題名もそのまま「ディパーテッド」。マーティン・スコセッシ監督。

そこで第二次世界大戦のことに話題が及んだ後、習近平は中華思想の手前、さすがにまずいと思ったのか「最近は中国映画も良くなりましてね」と自慢がてらに付け加え、『満城尽帯黄金甲』などを見たと言った。この映画、日本題名は『王妃の紋章』、中国の有名

習近平の愛人（!?）、と報じられた美女

な張芸謀（チャン・イーモウ）が監督で原作は曹禺の代表作『雷雨』の由。

　それにしても中国の指導者に映画を見る時間があるのは意外だ。庶民のインターネットでは繋がらない映画サイトで見るようだ。

　習近平のスキャンダル第二弾はウィキリークスではなく、香港誌がつたえた。

「習って誰？」。浙江省書記の時代から姉の手広い不動産ビジネスが批判の的となってきた。香港誌『開放』11月号によれば姉の名前は斉昌昌。89年に香港へ移住し、01年に設立された「北京中民信房地産」系列の深圳傍系企業「深圳遠為実業」をビジネス拠点にデベロッパー、倉庫業、不動産ビジネスに邁進している。

　習夫妻の一粒種、習明沢（娘）はハーバー

ド大学留学。この巨額の留学費用をいかに捻出したのかも話題になっている。そもそも次期国家元首のこどもが外国に住むこと自体、いかがかと問いかけている。しかし馬英九（台湾総統）にしても2人の娘は米国在住。中国人のメンタリティにおいて、そのことは問題ではないらしい。

習近平のもう1つの醜聞は福建省長時代の愛人問題だが、これは醜聞というより艶聞のたぐい（くやしかったら日本の政治家も真似したらどうだ、と中国の友人が言った）。香港に限らず海外華字紙では、ともかく習近平の「危機管理能力」を疑問視する論調が多い。

共産主義ではなく共産党主義

北京にある米国大使館の分析では中国の最高権力層は「合意重視」であり、その性格は革命元勲の子弟が多いことから、「掌権派」だとしていることがウィキリークスの機密漏洩によって判明した。

意味するところはひたすら権力を維持するために徒党を組む。特権をはてしなく持続させることである。

２００９年7月23日に打電された米大使館発「09BEIJING2112」。

中国は挙国一致ではなく挙党態勢にあり、権力総体は管理が貴重、総和をはかり、利権の争奪戦が行われる（言い換えると「マネジメント重視の共産党主義！」〈共産主義ではなく「党」があいだにはいる〉）。国有企業の経営方針など重要な決定は党の最高会議が同意するため、胡錦濤は総書記というより董事長（ＣＥＯ）的である。つまり大企業の取締役会然としている）。

会議でよく喋り、投票を促し、しかし最多投票権は胡錦濤が持つ。政治局常務委員会の9名で日常の重要決定をするが、北朝鮮と台湾問題は政治局25名全員が出席する会議で決められる。（米大使館への）内部情報提供者によれば、すべては投票によるというから、まるで「世界的な民主組織のようである」と皮肉る。ともかく「この政治局会議だけで中国で唯一の民主主義が実践されている」。

中国の最高権力層は上海派と団派とのバランスが均衡しており、意見の対立が顕著なときは総和が図られるまで議論が続くそうな。

何のことはない。イデオロギー、政策の齟齬による路線対立はなく、利権をめぐる争いが日夜続けられており、内部告発者によれば、李鵬とその家族が水利、発電の利権をにぎり、陳雲（鄧小平最大のライバル、鳥かご経済論を唱えた守旧派のボス）の遺族らは銀行の利権を、賈慶林一族は北京の不動産ビジネスの利権を、周永康の家族は石油関連の利権を、胡錦濤の家族はＳＩＮＡＣＯＭ（新浪網）の利権を、そして温家宝首相一族は貴金属ビジネスの利権構造のトップにある、と。

中国は共産党の独裁、全体主義国家だから、すべては共産党が決めると誤解している向きがあるが、地方自治は軍閥の伝統もあって、かなりの権限が地方政府に所属している。とくに土地の切り売りの権利、それによる税収の伸びだ！

沿岸部の繁栄を真似て１９９０年代末頃までに地方政府はさかんに工業団地を造成した。道路を造り、電気と水道を敷設し、そのうえで内外の企業誘致に懸命だった。

大成功をおさめた無錫の工業団地をモデルに、同じような「ハコモノ」さえ造れば外国企業は来てくれると短絡的に読んだのだ。

工業団地に成功したところは大連、天津、青島、福州、アモイ、上海、杭州、寧波、深圳、広州などアヘン戦争で開港した天然の良港をかかえる地政学的要衝という前提条件があった。しかし内陸部、山岳部の地方政府も工業団地さえ造成すればすぐに繁栄がやってくると信じて疑わなかった。小学生が考えても明らかなように交通アクセスが悪いところに企業が進出するはずがない。

中央政府との調整が必要なプロジェクトは省をまたぐ鉄道、河川を管轄するダム、高速道路、空港の建設だが、工業団地、マンション群、県道のたぐい、ショッピングモールの造成は地方政府の権限ですぐに許可が下りる。なんと一晩で許可が下りたこともある。

日本企業でも2千億円以上の投資なら中央政府の許可事項だが、それ以下なら省政府、市政府の許可だけで良い。中央政府の許可を得たうえでの進出は製鉄、自動車、精密機器、石油化学、そして洋紙だった（たとえば王子製紙が江蘇省南通に新築した洋紙一貫工場は江蘇省政府の許可はすぐに下りたのに中央政府が自国のパルプ製紙産業全体との調整から2年にわたって許可を出さず、遅れ遅れの工事開始となった。おまけには２０１２年7月には公害反対のデモ隊に襲われた）。

バブル破綻の基本図式は次のようである。

地方政府は新しい開発区を地図に線を引いて決めると、住民に雀の涙の補償金を払って立ち退かせる。デベロッパーと組んで建物などを造るが、これこそが汚職の源泉である。開発資金は「開発公社」を設立し、ここへ国有銀行が融資するという好都合のスキームを作り上げた。

とくに08年リーマンショック直後から中央政府の4兆元（57兆円）の財政出動が起爆剤となり、つづいて日本円換算で１３０兆円が２００９年に、翌２０１０年も１２０兆円、

内モンゴル自治区オルドス市の幽霊屋敷群

２０１１年に１２０兆円余りが貸し出されて全土に新幹線建設、そして地方では地下鉄や大住宅団地など不動産開発に投じられた。地方政府がこしらえた「開発公社」はなんと１万社！

これらの貸し付けは不動産価格の暴落とともに忽ちにして「不良債権」となる懼れが強い。不良債権化しそうな貸し出し残高は邦貨換算で１７０兆円前後に及ぶ。

内モンゴル自治区オルドス市郊外に石炭成金らが中心となって、50万人を想定して造成した「新都心」は、『ニューズウィーク』などがグラビア特集を組んだ。その壮大無比の幽霊都市の出現に驚嘆したが（責任者の１人は自殺）、このミニチュア版ゴーストタウンがあちこちに作られたのだ。

実際に筆者もオルドスに行って現場に立った。幽霊都市は怖ろしいほどにガラガラだった。

団派の命綱は共青城市開発

実際に現場に立って、この目でしかと見た幾つかを実例にあげよう。

湖北省武漢と江西省九江、同省の省都南昌。この南昌—武漢間の鉄道は従来線だけだが、なぜか内陸部の寒村をつなぐ九江—南昌間に新幹線が開通している。

省内の交通網だから中央政府の正式許可は要らない。鉄道部が省政府と組んで独断でゴーサインをだしたという。周辺をじっくり見学して理由がわかった。これは胡錦濤執行部の執念と絡むのである。

九江市は人口160万人。これという産業はないが古都ゆえに流通交易が発達し、地元人民政府は沿岸部の経済繁栄をまねて市街地を大幅に開発した。

現地に立つと壮観である。アジア最大と言われる鄱陽湖に五つ星ホテル、中洲にはフィンランド企業が投資する工業団地とリゾートを建設している。インフラ整備だけで80億元の予算がついた。

官の投資額だけでも巨額だが、加えて民間では外国企業や国内外、とりわけ華僑ファンドが投資の列に加わった。

九江の新開発地区（八里新区）の周辺に新しい大学、病院、保育園、ケアセンター、体育館、文化センターなど総合的な新都心の建設が進んでおり、筆者が見学した時点（11年10月）で7つほどスポーツ施設が完成していた。5年以内に「三百万都市になる」と豪語しているので、「その予算はどうやって捻出しているのか？」と市幹部に尋ねると、「付近の土地を開発業者に売ったので心配はない」と想像を絶する回答があった。

地方政府が企図し、銀行が「開発公社」に資金を貸し付けるという杜撰な遣り方である。審査はおざなり、なにしろ地方政府がやることだもの。この開発公社への焦げ付きは時間の問題だが、最終的にだれも責任を取らないだろう。

各地どこでもガラ空きの工業団地がある。インフラはそろえたが、交通アクセス、電力、労働力の関係で進出企業がない新興地区がおよそ7千ある。幽霊屋敷のようなショッピング街、1人の住民もいない団地がある。

マンションもハコモノをこしらえて、ほとんどが投機用なので住んでいる人がいない。空き室は6500万戸と言われる。電灯がついていない。いや電気メーターが回っていない。だから空き室の数がわかるのだ。

こうして鳴り物入りの新都心が崩壊の危機にある理由は、第一に沿岸部からの進出企業が少ないうえ、第二に大学が周辺にすくないため優秀なエンジニアの確保が難しい。たとえ行政が新都心に移転しても産業誘致がなければ雇用が生まれず、結局、巨大なゴーストタウンが誕生するだけのことになる。

九江とて確実な勝算があるわけでもなく、とりあえずは土建プロジェクト先行だった。全体の整合性を思慮しないで、地方の利益だけで突っ走る。地方政府同士が同じ発想で猛進するからあちこちのプロジェクトが酷似し且つ熾烈な競合関係となる。

すでに九江郊外の開発特区「八里新区」でもバブル崩壊の徴候があらわれていた。付近のマンション群を見渡せば洗濯物が出ておらず、工場に煙が見えず、ほとんどががらんどう。入居者が極端にすくない。周りの商店街は閑古鳥、人通りさえない。開業前にシャッター通りである。

この現象が見事に象徴するように地方政府の権力の乱用と青写真の誤算という実態が浮き彫りになる。

ところが九江から南へ1時間の場所に新都市がにょきにょきと出現している！

この都市は九江—南昌間の新幹線沿いに位置するが車窓から見えないため以前の取材では見落とした場所だ。ここが共産党中央が異様に力を入れる新都市。「団派」（共産主義青

5年で30万人都市を目指す「共青城市」のモデル

年団）が独自に築城している「共青城市」である。

なんと共青城市は2010年に、特例中の特例として「市」に昇格した。それまでは九江市内の「共青区」だった地区である。

この地には民主化のシンボル＝胡耀邦の墓があり、共青団出身の胡錦濤総書記は批判などお構いなく予算とエネルギーを注ぎ込む。

だから「共青城市」は町作りも異様である。軍人かと思いきや軍服を着た青年団が町を隊伍を組んで早足で行軍している。きらびやかなネオンもなく、娯楽施設が乏しい。市内にはカラオケを見かけない。中央政府の主流派「団派」が矜持とメンツにかけて開発しているので関連プロジェクトに整合性がある。この点も他の工業団地開発とは異なる。

市内からバスで30分の小高い丘に胡耀邦記念館と御陵（「耀邦陵園」）が広がっていた。胡耀邦は湖南省出身だが祖父が江西省の生まれ。胡耀邦の遺言に「江西省のどこか、風水のよい場所に埋葬せよ」とあって、当時政治局の有力者＝李瑞環が埋葬行事の音頭をとった。死去から2年後に名誉回復があり、この地に墓が建立された。

北京中央では共産党政治の邪魔者扱い、決して正当に評価されていない胡耀邦が江西省の片田舎では孫文のごとき広き御陵に祀られているのだ（ちなみに趙紫陽の遺骨はまだ北京の自宅にあり故郷の河南省に墓はない）。

共青城市はそれほど鳴り物入りの新都会。共産党が力点を集中させているのであれば新開発中の工業団地も視察したくなる。

工場の見学が許可されたのは国有企業の1つでダウンジャケット縫製工場だった。最新の欧州風デザイン、その年の流行色は黄色とピンク、800台のミシンに従業員は2千名。つぎつぎと手際よく流れ作業だが、若い男女が一所懸命に作業している。さぼる気配がないのも「能率給与システムが奏功しているからです」と工場長（女性）が言った。月給は4千元！　沿岸部の工場並みだ。この企業名は「鴨鴨洋装」、欧州への輸出で潤っているのか、工場全体に活気があった。

どうやら優秀な国有企業は強制的に、共青団拠点の工業地区に移転させられているようである。

団地中央の案内センターで将来の町の見取り図がミニチュア模型で展示されており、「人口12万の共青城市は5年以内に30万となります」と意気揚々たる説明があった。このために320億元（邦貨換算4200億円弱）が投資された。

まわりに学校が多いためエンジニアや若い労働者が得やすく、しかも北京中枢を牛耳る共青団の故郷ともなれば、胡錦濤政権が武者震いしてでも執拗に頑固に開発を支援するわけである。

それにしても地方政府が周辺開発をすすめ、設立した「開発公社」に国有銀行が巨額を貸し、それが不良債権化することは目に見えているが、「いずれ予算的にも救援出動がある」とタカをくくっている。

なにしろ親方日の丸の比喩で言えば、親方五星紅旗。モラトリアムの堕落だ。

国有銀行をつぶすわけにはいかず、これまでは外貨準備やオフショア市場から人民元を回して貰ってしのいだ。さらには中国の国有企業はバラ色の夢を売って、香港市場で株式を上場し、あまつさえ社債を発行し、あげくのはてに増資である。見え透いた錬金術も、その効力が希釈化された。

のこった手段は通貨を印刷して、中国政府は国有銀行にせっせとぶち込むだろう。するとどうなるか。予測に反して次に通貨・人民元の暴落がはじまる可能性が強いと言えるのではないのか。

それかあらぬか、２０１１年11月下旬から、人民元預金は口座増傾向が衰退し、海外のファンドは一斉に中国から撤退を始めている。

ＩＭＦは２００７年以来5年間、中国の人民元の為替レートに関しては米国と同様に「為替操作国」の範疇にあるとして、人民元（ＲＭＢ）は「顕著な過小評価」「事実上の過小評価」という表現を用いてきた。ＩＭＦが想定した「過小評価」は「計算方法の違いがある」として3％から23％の範囲であると表明してきた。

米国議会は「40％の過小評価、いや為替を操作している」と中国に対して非難囂々、ロムニー共和党大統領候補は、「わたしがホワイトハウスにはいったら、真っ先にやることは『中国は為替レートを操作している国だ』とする声明を出すことだ」と言い切って支持を広げた。米国は大統領選挙を11月に控え、与野党を問わず米国議会は、国内雇用の関係もあって「中国人民元は過小に評価されている。すくなくとも20～30％切り上げるべし」と獅子吼してきた。「でなければ制裁関税を課せ」と。

オバマ政権は、議会の声に耳をかたむけながらも、過去3年間、中国を「為替操作国」と認定することを避けてきた。ティモシー・ガイトナー財務長官がこの為替問題で中国批判回避路線を主導したためガイトナーは親中派と見られる。

こうした環境の下、ＩＭＦは２０１２年６月８日、公式に対中通貨問題で人民元を「おだやかな過小評価」と表現を変えた。significant から、moderate へ。過去の「顕著な過小評価」「事実上の過小評価」とした表現からシフトさせたのだ。

そして２０１２年８月から、人民元レートは下降を始めたのである。

となると米国が日本など他の国々に対しても「人民元の不当操作を攻撃できる材料」とする手段に「合法性」が希薄となり、ＩＭＦと米国議会との認識の相違は、米国中心の為替政策がその中軸を喪いかねない状況を招くかも知れない。

筆者は個人的には人民元は不当に安く操作されているのではなく「実態より高い」と逆の認識をしてきた。それは通貨供給の量的供給量の凄まじさとともに直近で連続する利下げ、預金準備率引き下げによる金融緩和。つまり札束を刷りまくって景気刺激策を、通貨価値との相関関係を軽視して継続しており、これはやがて人民元下落、もしくは昨今のユーロ暴落に匹敵する通貨安の局面をもたらすだろう（詳細は拙著『中国が世界経済を破綻させる』（清流出版刊）を参照）。

そして中国から幹部もカネも逃げていく

極寒のアイスランドの北東部を「リゾート開発」すると言って土地買い占めに動いた中国人実業家がいた。じつは中国共産党の戦略のもと、将来の資源探査、軍事基地目的を秘めていた。土壇場でアイスランド政府は中国の土地買い取りを拒否した。

しかし米国のお膝元、カリブ海のリゾートは次々と中国が買い占めし、開発に余念がない。

バハマ諸島の首都はナッソーである。このナッソーに1万7千人を収容するスタジアムが完成した。中国の資金で中国のゼネコンが建て、労働者の中国人がワンサカとバハマ諸島へ移住してきた。

カリブ海の島嶼国家はあちこち、中国資金の猛烈な建設ラッシュに沸いている。「米国の中庭」という認識だったワシントンがあわてる。とりわけアメリカ人の神経にしゃくに障るのはフロリダから僅か80マイル南のバハマ群島である。

新潟の一等地を中国領事館へ売却して大騒ぎの日本なんて小さな規模の買い占めでしかないことが分かる。カリブ海諸国のリゾートが昨今は中国資本とホテルで満杯。ジャマイカもドミニカもケイマン諸島も同じ現象である。

異変は数年前から起きていた。

中国資本のリゾート島への投資は合計26億ドル。中国輸出入銀行が融資をつけ、香港の「和記（ハッチソン・グループ）」が港湾の拡充建設を請け負い、やはり労働者は中国から連れてきた。

ノルウェーの船会社経営のクルーズ路線も、いつのまにやら株式の半分は香港企業のものとなっていた。

ジャマイカでは空港の設備近代化と新ターミナル建設。くわえて水力発電所建設プロジェクトに中国が4億ドルを支援した。

キューバの光ファイバー電話網を敷設しているのも中国企業。トリニダード・トバゴで建設中の病院には中国がポンと1億5千万ドル。

もちろん、これらは政治的配慮にもとづく融資によるプロジェクトで表向きは商業主義、市場原理に立脚する。地元の反政府側の人々は「入札は不公正であり、建設の質はいい加減であり、政権へのキックバックは当然なされているだろう」と不満を述べる。

10年前まではグレナダやドミニカへの投資は「台湾カード」と引き替えだった。すなわち台湾と断交すれば援助が目の前にぶら下がっていた。

しかし今やトリニダード・トバゴもジャマイカもバハマも台湾とは外交関係を断絶した

国々であり、中国が巨額を投資している政治的理由は明らかに台湾断交ではない。

リゾート開発で中国からのツアーがやってくると予測されたが、実際には少数の団体客しか来なかった。「ババ・マ」という高級リゾートは米国のハイアットホテルがマネジメントを請け負った。こうなると「かれらのホンネは戦略的な背景があり、北米大陸を睨む要衝で潜在的軍事拠点の構築にあるのではないか。キューバと代替できる拠点化ではないか」と米国シンクタンク研究員らが口を揃えている。

こうして〝反日〟を求心力に利用して拝金主義を追求した江沢民時代の残滓は、胡錦濤時代の10年のあいだにますます体内で残留し蓄積されて腐乱しつつあり、これらの矛盾は一挙に爆発しそうな様相となった。

江沢民から胡錦濤までの23年間で中国はかくも迅速に変貌し、それも間違った方向へ突っ走り、不動産への投機は、どう考えても「発狂」としか思えない。中国の政治はその変化に対応能力を失ってしまった。

第四章　習近平時代とは江沢民院政の終わり

江沢民「院政」の実態

日本では「角影内閣」とか、「田中曽根内閣」とか言われた。表看板はともかく、日本の政治は目白の闇将軍が支配した一時期があった。国家主席でも総書記でもない鄧小平は「最高実力者」という合法性のない肩書きだった。日本のマスコミがつけた。

この伝でいくと鄧小平存命中の江沢民政権というのは「鄧江政権」もしくは「鄧影政権」と比喩できる。

1989年、江沢民は北京へ乗り込んだ当初、まるで鄧のロボット、長老連中の傀儡。あちこちをこづかれいじめられ、要するに使い走り《パシリ》。そうこうするうちに謀略を発揮して政権に求心力をつけたのは腹心の曽慶紅であり、宰相として行政に辣腕を振るったのは朱鎔基だった。

あのなりふり構わぬ高度経済成長は政敵を恐れない朱鎔基首相が中枢にあって果敢に実践された。とくに1993年の通貨改革（当時、朱は副首相）、2000年のWTO加盟など、多くの反対を押し切って朱首相が強引に舵取りした。したがって朱の政敵は多く、何回か朱暗殺計画があった。つまり江沢民政権の高度成長をささえた最大の功績は朱鎔基である。

江沢民はその間、新しい利権を発見し、その宝船の利権を他派閥にとられないようにして、高度成長の裏側でまわりをきょろきょろ見ながら通信、ネット、国際金融、証券、保険のビジネスに介入し、守旧派を新商売から疎外し、共青団には手も触れさせず、ぬくぬくと富を寡占し、そのカネを背景に権力基盤を固めた。

ならば胡錦濤政権とは換言するなら「江沢民院政」だった。それほどに胡錦濤の個性は突出せず、独自の政策も取れず、ひたすら長老たちにこづき回されながら「安定」が第一、そのために親民路線をとってポピュリズムに訴え、独自性を精一杯表現した。しかし、汚職は倍々ゲーム、綱紀粛正はゆるみっぱなし、暴動件数は鰻登り、胡錦濤の「和諧社会」の建設はその理想からますます遠いところへ陥没した。それが胡錦濤政権の10年である。

米国で評判をとる新刊は『ダブル・パラドックス』という。ネブラスカ大学のアンドリュー・ウェデマン教授が膨大なデータを駆使して具体例を傍証しつつ「中国は経済発展に正比例して汚職が大規模となり、発展すればするほど汚職の金額も倍々ゲームで増えた」という本当のことを克明に証明した。

２０１２年4月10日に完全失脚が判明した薄熙来（政治局員、前重慶市書記）はマフィア退治、汚職追放を謳い「腐敗豪商」を片っ端から拘束し、拷問し、冤罪をでっち上げて子供親戚ことごとく刑務所へ入れた。なかには死刑囚も含まれ、彼らの財産を同時に接収した。薄一派が強奪した金額は80億元と囁かれる。

表向き「腐敗一掃」「唱紅打黒」（革命歌を唱いマフィアを懲らしめ）などと獅子吼しながら、薄が重慶で展開したのは「新マフィア」の形成だった。

また低所得者住宅を次々と造成したが、潤ったのは大連から連れてきたデベロッパーの「大連実徳集団」等だ。しかも資金は国有銀行に圧力をかけて貸し出させ、そのうちの20%を懐にしたと言われる。

薄夫人の谷開来はファミリーと親しく付き合って息子の薄瓜瓜の英国留学を斡旋した英国人ニール・ヘイウッドの殺害容疑で逮捕された。ニールは夫人が不正に蓄財した8億ポンドを英国に隠匿する手伝いをして分け前をめぐるトラブルから毒殺されたというのが、昨今の定説となった。だが誰も目撃したわけでもなく真偽のほどは藪の中である。

4月9日に緊急に開催された政治局常務委員会で薄の政治局職務停止処分にただ1人反対したのが周永康（法務担当）だった経過は前章までに書いたが、実は周は「石油派」出身で資源利権に通じ、四川省書記時代から薄と親しく息子の周斌は200億元の資産家。重慶のプロジェクトも薄から請け負って400億人民元の売り上げ、このうち100億元が利益という出鱈目な経営ぶりだった。

香港で江沢民派が敗北

「江沢民院政」にようやく黄昏がきた。

2012年3月25日の香港行政長官選挙は反江沢民派の代理政治家、梁振英の圧勝だった。内訳は定員1200名の選挙人のうち1193名が投票。このうち有効投票は1132票。白票も混じり、棄権も目立った。

梁振英は当選後の記者会見で「これまで香港市民が享受してきた、すべての自由に変化はない」と声明し、また同時に一部のメディアから攻撃された「共産党秘密党員」説を否定した。梁振英は公約に掲げた「低所得者用住宅建設」を実行するとも発言した。

しかし考えてみれば1997年香港返還前夜まで、英国へ移住した香港市民が23万人前後、オーストラリアへ移住して豪パスポートに変えてから舞い戻った香港市民も目立ったが、残りの金持ちの多くはカナダのバンクーバーへ移住した。バンクーバーはいまもホンクーバーという異名をとる。

『フォーブス』誌は1995年に特集号を出して「香港の死」と比喩したことがあった。共産主義独裁がやってくる恐怖、不安が市民に海外移住を促した。97年7月、中国人民解放軍が香港へ入城し、およそ900名が駐屯した。香港から言論の自由は消えると思われた。

しかし表現の自由はかろうじて残り、北京を攻撃するメディアは少数とはいえ健在である。理由は中国共産党のほうが香港の金融ハブとしての特徴に着目し、その利便性をむしろ活用しはじめたからである。国際金融センターとしての香港はマネーロンダリングに格好の場所でもあり、自由な市場を絞め上げることは自分たちの首を絞めることに繋がるからだ。

香港在住の英国人は激減したが、かわりに入ってきたのがフランス人。香港におけるフランス人コミュニティーは1万人を超えて、駐在日本人の数に迫る。昨秋、香港に滞在したおり、ソーホー地区には洒落たレストラン、バー、パブが増えていたが、フランス料理の店が急増したことを不思議に思った。直近の統計数字で納得がいった。

一方、中国大陸から香港へ出入りする中国人は２０１１年統計で年間２８００万人！観光？　昔は運び屋、書類や現金の運搬屋もいたが、いまはビジネス目的が大半である。世界の金融のハブの役割、アジアのファイナンシャル・センターとして、上海は香港にはかなわない。中国企業は香港で片っ端からＩＰＯ（株式新規公開）という錬金術を行使し巨額をつかんだ。そのうえ中国は人民元建て国債を香港で起債した。

共産党の高官らは香港にダミー会社を登録している。それも夥しい数である。香港はかつての英連邦の特権から英領バミューダ諸島、ケイマン諸島、ヴァージン諸島めがけて、怪しげな会社を登記できる利便性があり、事実上、香港から正体不明のカネが、これらタックスヘブンへ向かった。つまり共産党の別の顔が、香港の金融ハブを活用していた。

この香港めがけて中国大陸から妊婦も大量に押し寄せた。西洋医学の先進的医療機関に入り、もし子供を香港で産めば香港籍が取得できるとばかり次々とやってくるので産院は満杯。昨今は国境付近で妊婦の入国を制限している。

また香港だけの現象だったフィリピン人のアマ（女中）さんは、大陸での需要が急増し、どっと中国大陸へ職場を求める。いまではフィリピン女性のアマさんは広州だけでも10万人を超え、もちろん香港でも20万人。上海でもフィリピン女性のアマさんが顕著に目立つ。

かくて『フォーブス』の「香港の死」の予測ははずれ、香港は以前より繁栄した。カネに目がくらんだ投機筋が世界中から蝟集し、不動産は倍々ゲームとなって開発業者は天文学的富を手中にした。

ともかく香港はアジア最大の金融センターであり、国際金融は自由なまま、英国植民地時代よりも規制が緩和されたため、オフショア市場で成立する金融センターに人材が殺到して香港金融街のオフィスのレンタル料金はまたまた跳ね上がった。香港の不動産価格は東京より高い。ニューヨークよりも、ロンドンよりも高く、この不動産ビジネスで巨富をなした李嘉誠ら「香港タイクーン」らが、富裕層に人気のあった対立候補、唐英年（金持ちのぼんぼん）を推薦した理由はそこにあった。唐の背後には江沢民がいた。だが北京の権力状況は江沢民上皇の威光に陰りがみえ、その院政の衰えは末期に達していたことに香港財閥のトップ等は気がつかなかったのか。

香港デベロッパー2位の恒基兆業地産はバックに曽慶紅を控え、曽の実弟の曽慶准を顧問に取り込んで大陸利権を漁った。ついでに田紀雲元副首相の息子、田承剛も顧問で恒基兆業地産はこの2人に年間5千万円もの法外な顧問料を支払った上、香港の最高級住宅地のマンション（家賃が月に100万円前後）を提供していた。江沢民の威光が光っていた時代のことである。

共青団は香港の利権構造の一角へ自派の取り込みを図った。

２０１１年夏、習近平は訪中したバイデン副大統領を四川省に案内していたおり、李克強は香港へ入った。李は香港の実業界、金融界の幹部を集中的に訪ねて、さらなる規制緩和、香港金融市場の堅持を約束しつつ共青団の利権確保を急いだ。

香港は明らかに上海派と太子党の利権だった。しかし香港の民はほとんどが広東出身であり、その広東人は基本的に上海人が大嫌いときているから往々にして政治の逆転劇はおこりうるのだ。投票日の数日前には団派の女性政治家で胡錦濤に近い劉延東が深圳に陣取り、投票人を集団で呼びつけて工作した。

行政長官の選挙当日、街頭では香港市民らが選挙の無効を訴えてデモ行進、集会。投票の会場となったワンチャイのコンベンションセンターの周囲はデモ隊で溢れた。

同会場は97年の返還式典で江沢民と李鵬が並んだ場所でもある。あのときも江沢民と守旧派の李鵬が香港利権を奪い合った。そのために国家主席の江沢民と国務院総理の李鵬が対等にそれぞれ特別機を飛ばして雛壇に並ぶという珍奇な場面があった。

香港市民のデモ隊のプラカードをみると「不要地下狼」「不要地産猪」「我要真普選」とある。それぞれ、「秘密党員はいらない」（梁振英）「不動産で太った豚もいらない」（唐英年）、「われわれが欲しいのは普通選挙だ」の意味である。

また「われわれは北京の犬ではないぞ」と横断幕。香港大学などで同時に実施された住民リフレンダム（合法性はないが）にはネット投票は妨害されたものの合計23万人が参加し、梁も唐も両名ともに「香港のトップにはふさわしくない。辞めろ」という結果だった。

なお当選した梁振英の略歴は次の通り。

１９５４年、香港生まれ。１９７７年に英ブリストル理工大学卒業。同年７月から２０１１年９月まで香港特区行政会議メンバーをつとめた。１９９９年７月から２０１１年９月まで香港特区行政会議ノン・オフィシャル・メンバー招集者だった。香港特区基本法諮問委員会執行委員・秘書長、港事顧問、香港特区準備委員会予備委員会委員兼政務小組組長、香港特区準備委員会副主任委員を歴任。北京の団派との繋がりが強いばかりか以前から秘密党員だった。

だから梁振英は北京の傀儡である。

台湾に亡命している天安門事件のときの学生指導者だった王丹は「梁振英は間違いなく共産党の秘密党員だった」と明言した。「返還前、長きにわたって香港の地下工作の指導者だった金堯如がロスアンジェルスに亡命していたが『梁振英は秘密工作に携わった地下党員です』と明言していた」（香港誌『開放』４月号）。

この金堯如はばりばりの党員で１９４７年にはやくも台湾・台南へ潜り込んで地下組織

を結成し、「中共台湾工作委員会」を指導した。人民解放軍の台湾解放作戦の準備のためだったが、秘密組織工作に失敗。このとき同志だった蔡考乾はその後、蒋介石側に投降し、台湾国家安全局の少将に出世した。

金堯如は1949年に香港に潜入した。しばし香港新華社の宣伝工作に従事したが、これは香港におけるメディア工作をする共産党のダミー。ところが89年6月4日の天安門事件で共産党に裏切られたと総括した金は共産党を脱退し、米国へ移民として渡った。金堯如はカリフォルニアの病院で2004年に死去した。金がロスアンジェルスに亡命中、驚くなかれ、香港新華社のボス、許家屯が事実上の米国亡命。その手記は英語・日本語にも翻訳されて世界的ベストセラーとなった。こうした関係から金証言の「梁振英は地下党員だった」という情報は真実と考えられる。

ともかく香港は国際金融の拠点であり、この地の行政から自由が奪われる危険性が大きくなれば、むしろ金融市場の規模は縮小する。習近平が時代に逆行するような政策を選択することは考えにくい。

政敵のデベロッパーを追い込め

香港では余震がおきた。

これも江沢民院政の終わりを象徴してあまりある。

新鴻基（サンホンカイ）地産集団と言えば、香港不動産業界四天王のなかでもトップ。香港財物第1位の李嘉誠率いる長江実業、ヘンダーソンランド（恒基兆業地産）と並び、これらトップ御三家は四位（四天王の一員）の新世界発展集団には水をあけてきた。日本で言えば三菱地所か、三井不動産か、森ビルほどの大企業だ。

なにしろ新鴻基地産所有の摩天楼群は香港を埋め尽くすかのような壮観を誇り、さらには北京、上海、広州にも進出し、その勢いは竜虎のごとし。

この香港不動産業界地図が塗りかわる可能性がでた。四位の新世界発展集団は副業だった周大福（金ショップ・チェーン）のほうが活況を取り戻しつつあり、また長江実業は李嘉誠がドナルド・ツァン前行政長官と親しく、選挙で敗北した唐英年をつよく推薦した経緯があり、これからの政治姿勢によってガラガラと大きな変化がでるだろう。

２０１２年３月29日、新鴻基地産集団を率いる２人のトップ、郭兄弟（トーマス、レイモンド）が突如、「賄賂」で逮捕され、激震が走った。同時に多額（数千万香港ドル）の賄賂を受け取っていた香港政庁ナンバーツーの許仕仁（前政務司長）が逮捕された。

許仕仁は現職の政商協委員をつとめる大物、捜査対象とするには背後の見えない権力の闇があって警察は手出しができない。官民癒着の典型、腐敗官僚の見本などという風評は以前からあがっていた。

許は新鴻基地産の2人のトップに次に香港政庁が払い下げる土地の情報などを提供し、みかえりに巨額の賄賂や豪邸を建てさせたりしたという。この逮捕は独立検察チーム（香港廉政公署）があたり、銀行口座など「証拠」を多く手中にしてから許や郭兄弟の家宅捜索も行われた。香港マスコミは右も左も、朝から晩まで一面から二面をつぶすほどの大騒ぎ、ともかく大ニュースなのである。

郭炳江（トーマス）と郭炳聯（レイモンド）は三人兄弟の次男と三男。長男の郭炳湘（ウォルター）はかつて父親から譲られて会長を務めていたのだが母親と馬が合わず、くわえて愛人問題が発覚して同社を追われた。1997年にはマフィアに誘拐されて6億香港ドル（米ドル換算で7730万ドル＝日本円にすると62億円相当）もの身代金を支払ったりの御難続きで、母親と組んだ次男と三男から追い出された経緯がある（ついでながら李嘉誠の長男も誘拐され巨額の身代金をマフィアに支払った。中国圏では警察に誘拐を訴えることはまれで、ネゴシエーターを通じてカネで解決するのが伝統。ついでにウォルターだのレイモンドだのと香港では多くがクリスチャンネームをつける習慣がある)。

新鴻基地産はもともとロバート郭が1963年に香港不動産ブームを予見して創設し、おりからの経済発展とともに急成長をとげた。新鴻基地産から枝分かれしたのが、香港不動産第二位のヘンダーソンランド（恒基兆業地産）である。

新鴻基トップ2人の逮捕で香港株式市場に連鎖反応、株価を大きく下げた。新鴻基の時価総額は372億ドル（3兆1600億円前後）である。また郭ファミリーの資産は183億ドル（邦貨換算で、1兆5000億円ほど)。

事情通は次の分析をする。

「これは2月の香港行政長官選挙で梁振英が本命視された唐英年に逆転勝利した直後だけに、政治的思惑がつよい。まさに守旧派、つまり江沢民とつながる唐英年や彼につながる香港実業界の既存勢力を追い詰める決定打だ。新長官の梁振英は胡錦濤、李克強ら共青団に近い。香港の不動産業界はもともと儲けすぎ、投機商品との批判が強く、新行政長官の梁振英は低所得者用住宅をたくさん造ると公約しているから大手デベロッパーは戦々恐々だろう」。

孤児（みなしご）ハッチか温家宝か

江沢民上皇に無言の反発を繰り返すかのように胡錦濤政権にあって民主化の旗を大きく振り続けたのは温家宝首相だった。彼の庇護者は辣腕宰相といわれた朱鎔基である。温家宝首相と会見した外国要人は彼を「開明的で民主的政治家だ」と高く評価する。外国メディア、とくに欧米のマスコミは温家宝を激賛するが、国内での評価は意想外に低い。党内でひとり、寂漠と浮き上がった存在である。しかも上海派や太子党とコネクションが遠いものの団派とも政治的にちょっと距離をおく無派閥、つまりは一匹狼である。

４月４日、温家宝首相は国営ラジオ（中国中央人民広播電台）に出演し、銀行の改革を訴えた。内容は以前からよく指摘している内容の繰り返しに過ぎないが、今回は国有銀行の遅々としてすすまぬ改革プロセスに業を煮やしての発言と取れる部分がある。

「四大国有銀行は競争もなく、独占状態で儲けすぎである。厳密なコントロールの下、こうした独占体制を突破しない限り、金融改革はあり得ない。プライベートな投資をもっと受け入れよ」とした。

実際に四大銀行の２０１１年度の収益は合計９９０億ドルの経常黒字を記録した。国有企業にのみ貸し付ける四大国有銀行の金融市場寡占状態は金融改革の妨げ、もっと迅速な規制緩和をと温家宝首相が大胆な提言を繰り返したわけだが、この発言に中国の財界、行政高官らは溜飲を下げた。外国メディアは大きく報じた。

四大銀行とは中国工商銀行、中国建設銀行、中国農業銀行、中国銀行の四行。これに交通銀行をくわえて「五大銀行」と呼ぶこともある。

銀行業界への規制緩和アドバルーンだが、これも別の見方をすれば上海派が思うさま動かしてきた中国の金融界を揺らす、反上海派からの干渉である。

実際には浙江省温州を「試験市場」として私営銀行許可ならびに温州の市民に限り、海外への直接投資を認める。うまく行けば全国規模に広げようとする計画だが、銀行改革という大まかな文脈から言うと地域的、テスト販売の域を抜けない。

外国から中国株式への投資も現行から８００億ドル台へ枠を広げ、また四大銀行の株式も外国勢に門戸を開放する。しかしそう発表した翌月の海外からの中国への投資額はむしろ激減した（5月15日発表）。

非効率的経営と殿様商法にあぐらをかく四大国有銀行の改革がおいそれとすすむかどうかは不透明、温家宝演説は過去10年の改革努力の最後の叫び、実業界は大いに期待するだろうが北京の党中枢は戸惑うばかりだ。

たとえば中国工商銀行だけで従業員数は39万７３３９人、中国建設銀行41万人。中国銀行が27万9000人。第五位の交通銀行にしても従業員は85290人（中国農業銀行は不明だが、一説に30万以上）。ちなみに我が国トップの三菱東京UFJ銀行の従業員は、およそ5万人、みずほ銀行が2万7000人。

肥大化した組織と「親方五星紅旗」にどっぷりと依存した経営体質の銀行が、自由競争の荒波に漕ぎ出せるか、どうか。

おまけに銀行には不思議な行為がある。

米国保守派メディアの「フォックスニュース」（2012年3月21日）が伝えている。中国銀行広州支店から、イスラエル占領地のウエストバンク（ヨルダン川西岸）にある銀行口座へ合計で110万ドルの送金があった事実が判明した。この口座は「イスラム聖戦機構」や「ハマス」の関係者が開設して利用してきた形跡があることをイスラエルの情報機関「モサド」が掌握した。

2006年4月にテルアビブのサンドイッチ店を襲った自爆テロでは9人が死亡し、60人が重軽傷を負った。この自爆テロリストの遺族にはテロ組織から1万5000ドルから2万5000ドルが「慰労金」として支払われた。

イスラエルは中国銀行がテロリストの資金洗浄に手を貸しているとして証拠を提出し、中国に警告してきたが、らちがあかないと判断し米国の裁判所へ提訴する方針を固めた。

「フォックスニュース」は米裁判所が近くこの提訴を受け入れる方向にあると報じている。

ともかく中国とイスラエルの関係には見えにくい陰の部分がある。

２０１１年8月に中国人民解放軍の陳炳徳・参謀総長がイスラエルを訪問した。何が目的かと西側の情報筋が警戒したが、日本のメディアは殆ど無視した。陳炳徳のテルアビブ訪問は10年ぶりの軍事高官交流で、直前の同年6月、バラク国防相が北京を訪問した答礼とされた。陳炳徳はイスラエル参謀長ベン・ガンツ准将と会見したほか、ペレス大統領を表敬した。ペレスは独立戦争を戦った闘士であり、国防相、外相、首相を経験した老練な政治家、とくに軍事問題には深い造詣がある。

２０００年に米国の圧力でイスラエルは中国への武器輸出を控えた。そのうえイランの核開発が中国の秘かな支援でおこなわれたことは公然の秘密であり、イスラエル殲滅を公言するイランのアマディネジャ政権になってからはイスラエルと中国の関係は冷え切っていた。とくにミサイル部品、戦闘機部品の対中供与を中断してきた。

状況が打開されたのは中国がイラン制裁に加わってからである。しかし米国ペンタゴン筋は、イスラエルはＪ－10ジェット戦闘機ならびに無人偵察機の技術を中国に供与したと踏んでいる。イスラエルと中国の貿易は双方向80億ドル、イスラエルからは農業技術並びに海水淡化プラントなど。イスラエルは１９９２年に国交を結んで以来、台湾と断交したが陳水扁・台湾総統の公式訪問を受け入れ、バランスを取った。

同時にイスラエル・中国の文化交流もすすんでおり、テルアビブは毎年、250名の中国人留学生を受け入れ、また広州にも領事館を開設、2013年には四川省成都にも領事館を開設する。米国が警戒を強めるのは表面的な交流の裏で軍事技術の移転が進んでいること。両国が発表している軍事交流は主として「テロ対策」である。カウンター・テロに優れたイスラエルが対テロ訓練を施している。これはチベットで治安維持にあたる人民武装警察の装備や訓練方法にも援用されている。「チベット人民を弾圧する暴力装置に手助けするのは止めるべきだ」と米国の人権団体の抗議も何処吹く風、イスラエルも国家利益遵守にあっては凄い政治力を発揮する。

太子党も三派連合、意見はばらばら

薄熙来（重慶市前書記）の失脚を受けて太子党内部にも大きな亀裂が生じた。江沢民の厚い庇護をうけてきたはずの薄が転んだのだから次は我が身と震える者もあれば、次に民主化の波が本格的到来となると無邪気に喜ぶ者まで千差万別、太子党はことほど左様に一枚岩ではない。

就中、太子党の有志らが組織した全派閥横断的な太子党の友誼サークルの「延安児女聯誼会」という「同好会」的な集まりに注目があつまる。最初は北京のエリート校の同窓会的存在だった。党高官の子女がつどう全国的組織となり、現在の会長は胡喬木の娘、胡木英。２０１２年春節に開催された総会には１２００名が集まり、胡耀邦の子・胡徳平、陳毅の子・陳昇蘇、馬文瑞（陝西省書記）の子・馬暁力らが一堂に会した。

馬暁力は太子党のなかで自由、民主、法治、人権を主張する「民主派」の代表格で、「われわれの政府は特権階級のためにあるのでなく人民のために尽くす政権としなければなるまい」と述べた。会場には習近平の姉や異母兄の習乾平らもいたが、周囲に構わず会場では胡耀邦、趙紫陽の民主化を評価する声があちこちにあがった。馬暁力の父親、馬文瑞は延安時代に習近平の父、習仲勲の同志であり、戦線をともに戦った。２人とも「劉志丹事件」で失脚させられたという因縁で通底している。

しかし馬はこう述べたのだ。「われわれは蒋介石の二代目、蒋経国に学ばなければならない」。

つまり台湾民主化は蒋介石の子、経国の決断で本省人の李登輝を後継指名したところから開始された点に、次の中国の政治的改編のポイントがあると示唆したのである。

劉少奇は民主化を目指した偉大な指導者だったという内容の新書『改造我們的歴史文化観』を著したのは張木生（元中国税務雑誌社社長）だ。この書物に長い序文を寄せたのが劉源。つまり張木生は劉源のスポークスマンである。この書物から感得できるのは太子党の劉源派につどう少壮党員、軍人らが「新民主主義」なる概念を唱え、きわめて軍国主義的かつ国家主義的色彩が強いことである。民主主義を提唱しながら矛盾する軍国主義化を中国は目標とするべきと獅子吼しているのだが、これも「太子党」の総意ではない。

かれらは胡錦濤・温家宝の「保八路線」（経済安定化のため8％成長を死守）を「軟弱であり、危機を目前にして対策がのろく、無作為である」と批判する一方、自分の親たちを失脚させた紅色政権（共産主義ドグマの独裁）にも批判的である。したがって「新民主主義」なるものが「共産主義」ドグマの桎梏を超越できる新しい哲学的概念であると自画自賛し、また中国共産党の合法性も同時に主張する。

太子党はかくして右に左に星雲のごとく分裂状態だが、対立構造を内包しながらも現状維持では利害が一致しており、その最大公約数的合意とは「特権を維持する」目的に置かれる。

このためには彼らは思想的政策的小異をすてて大同につく。つまり習近平はその代表格であり「維持会長」というニックネームがつく所以なのである。

文化ナショナリズムの後退

江沢民が隠れたことはよくある。たとえば２００３年、新型肺炎ＳＡＲＳが中国で猛威を振るった。村々は自警団を組織して道路を封鎖し、他地域からきたトラックを進入させないなどパニックに陥った。あの情景をみた限りでは中国は緊急事態がおきると軍の統制は末端まで行き届かないこと、地方自治体の最小の単位でも自分勝手に行動することが分かった。

江沢民はこの間、北京から消えて上海に居た。放射能を怖れて岩手県の選挙区に寄りつかなかった誰かさんと似て臆病であるらしい。

ＳＡＲＳの原因は愛玩動物のひとつ、ハクビシンと言われた。華南の人たちはハクビシンを刺身にして食べたり、鍋にする。あの可愛い動物を食べてしまうなんてと世界の動物愛護団体から抗議の声がおきた。

これに対する反撃があるかと期待していたが、不思議なことに中国側の反論がなかった。そこで今度は中華料理の豪華メニューのフカヒレが外国からの非難標的となった。これには中国人も驚いたが、フカヒレを中国へ大量に輸出する日本も驚いた。

「鮫の尾びれを食べるな」と、環境保護、生態系保護、なんでも良いから理由をくっつけて「食習慣を奪え！」と活動家が上海にあつまって気勢を上げたのである。

かつて日本は鯨を奪われた。鯨は古来より日本の食文化である。中国もこれまでに熊の手、犬肉が事実上の禁止（旧満洲へ行けば例外。犬肉レストランは大繁盛中）。熊の手を煮込んだ料理は、2年ほど前から事実上禁止になっている。衛生上の問題が主な理由で、模擬の熊はある。しかし熊の手は古来より伝統的な中華風の満願会席料理には欠かせない逸品、1ヶ月前から鍋で煮込み、柔らかくして毒気を抜くのである。

広東ではハトの丸焼きは盛んだが、ハクビシンを食する店は表通りから消えた。開催予定だった「犬肉」試食会キャンペーンは中止された。

北京人の多くはもはや犬肉を食べない。広東でも若い女性の好物だったフクロウの目玉（目が良くなるからと女性の人気の的だった）は下火となり、ハトの丸焼きも次の標的になるかも（日本の婦人団体は平和の象徴を食べる中国人をなぜ批判しないのかな？）。

世界のフカヒレの30％の種類が絶滅したと言われ、大半が中国人の胃袋に消えた。中国はフカヒレの多くを日本から輸入している。東日本大震災直後には品物が払底し、プレミアムがつくほどだった。

２０１１年９月22日、上海で開催された「世界ワイルド・エイド」大会の席上にバスケットボールの英雄、ヤオ・ミン選手が同席したことに中国人は驚いた。

豪華料理にフカヒレ・スープは欠かせない。ほとんど誰もが好きだと思いきや、中国スポーツ界の英雄、ヤオ・ミン（プロバスケット選手、「歩く万里の長城」と言われたほど長身）やヴァージン・グループ会長のブロンソンらが記者会見し、「フカヒレを食べるのは野蛮、フカヒレ・スープを禁止しよう」と言い出したから大変な騒ぎに発展している。

そもそも日本人の鯨といい、中国人が好むフカヒレといい、食文化の中核にある食習慣にまで介入するのは、余計なお節介と言えるが、それならシーシェパードのような過激な動物愛護団体は中国沿岸部に乗り込んで、フカヒレを積んだ貨物船を襲うのかな？

それにしても内外から中国の食文化攻撃は初めてのことではないか。それもこれも江沢民時代の拝金主義の結果、起きてきたことである。

そして次なる珍現象をいかに理解しておくべきだろう。

『中国化する日本』（文藝春秋刊）などという牽強付会な本が注目されているが、実態は正反対。アニメのコスチュームを着た少女が中国の町を闊歩するように「日本化する中国」がある。

たとえば中国で日本女優の三傑は誰かと問えば、蒼井そら、飯島愛、そして小澤マリアの3人。すべてアダルトの女優であり、日本人女性と結婚を望む中国人が急増している。

書店を覗くと日本の小説、ノンフィクション花盛り現象があり、とくにムラカミハルキは研究論文だけで260本、日本の倍もあるが、孤独感と疎外感が中国の若者に受けている。中年以上は渡辺淳一人気いまだに衰えず、しかも『徳川家康』の全巻が翻訳され、大ベストセラーとなって、ついでに『徳川家光』も翻訳された。易姓革命の中国であるがゆえに十五代も続いた徳川長期政権の研究が進むのだ。

もはや誰もおさえきれない少数民族暴動

江沢民と胡錦濤の23年間で解決できなかったばかりか、問題が悪化したのは少数民族への処遇である。

江沢民が最も得意だった演説は「中華文明」「中華民族」と抽象的な架空の概念だった。中国の少数民族問題といえばすぐにチベット、ウイグルなどの異民族問題と考えがちだが国内問題、すなわち漢族同士の対立も深刻なのである。華北の漢族vs華中の漢族vs華南の漢族vs西北の漢族vs旧満洲の漢族という対立構造が縦と横に絡み合うから民族問題はややこしい。

広東語、上海語、福建語をつかう人々は同じく漢族でありながら、北京語は「第二言語」である。ところが義務教育で北京語（これを普通語という）を強制され、ある年代以下の層は地元の言葉を喋れないという奇っ怪な言語状況がうまれた。たとえば香港は返還前まで広東語、新聞もテレビも広東語。いま30歳以下の香港人は北京語、つぎに英語が流ちょうだが、肝心の広東語が不自由になりつつある。香港返還前には考えられない事象だ。年配者の間には独自の広東文化を守るために広東語の使用拡大を求めてデモを行い、これは香港から広東全域に広がって汪洋広東省書記も認めざるをえなくなった。

福建語の訛《なま》った閩《ビン》南語が台湾人の言語だが、蒋介石がきてから義務教育を北京語でしたため50歳以下の台湾人の多くは北京語しか喋れない。南部は台湾語の世界だ。そこで馬英九は懸命に台湾語をならい選挙運動で南部をまわるときは下手な台湾語を使うほどに伝統文化は大切なのである。

同様に上海は上海語の世界。

旧満洲の東北三省（黒竜江、吉林、遼寧）へ行くと、いまや彼らの言語「満洲語」を喋る古老が数十人もいない。モンゴルも同様である。

この言語問題が中国の国内で喧しく真剣に論議されている。しかし江沢民時代と、その院政時代（＝胡錦濤時代）の合計23年間、中国はひたすら少数民族問題を棚上げして論ぜず、したがって複雑な問題を蒸しかえす勇気は次の習近平政権でもあり得ないだろう。

中国は自称「中華人民共和国」、本当は漢族独裁帝国、もしくは共産党王朝。近代政治学が定義するところの「国民国家」ではない。日本人もアメリカ人も中国を概念的に「近代国家」と勘違いしているため、すべての判断を間違う。漢族がほかの少数民族を支配し隷属させ、独立運動（漢族から見れば「分裂騒ぎ」）には容赦しない血の弾圧を繰り返してきた。そのうえこの中華帝国は人民を犠牲にしても権力を守るため、他国へ平然と侵略を繰り返し、住民を殲滅し、それを正当化するために「中華思想」で理論武装し、自己弁護のレトリックを駆使することにかけては天才的である。

「中国国民」は漢族を含めて56の民族で構成されており、総称して「中華民族」だと北京の中央政府が定義した。「中華民族」という呼び方は孫文も毛沢東も蒋介石もしてきたが具体論も定義も曖昧模糊のままだった。江沢民はとりわけ熱心に、この「中華民族」という比喩を用い、団結を訴えた。

最近の統計に従えば漢族の人口比は92％、残り８％が少数民族だという。

しかしたとえば人口２万人以下の、本当の「少数」派は「少数民族」のカテゴリーに認定されていない。プーアール茶の栽培で有名なジノー族の２万人が最低基準で１９７９年にかろうじて「少数民族」に認定されたが、以後、新しい少数民族の認定はない。

漢族以外の主要な〝少数民族〟にはチベット、ウイグル、モンゴル。それぞれ６００万、９００万、４５０万。これら「御三家」が地下運動で「独立」を主張している。独立を唱えると「分裂主義」と悪罵されたうえ起訴され懲役10年以上（国家転覆扇動罪なる法律がある）。ほかに朝鮮族が200万人、おもに吉林省の北朝鮮国境地帯で独自の文化を維持して暮らす。最大人口を誇るチワン族はベトナム国境に1600万人がいる。かれらはもはや「独立」を主張せず適度の自治に甘んじ「漢化」されてしまった。

ミャオ族が740万、イ族700万、トン族250万、ヤオ族220万、ペー族210万、ハニ族125万と軽く百万を超える少数民族が西南部とくに雲南省、四川省、貴州省などに住んでいるが、これらの少数民族も〝漢化〟がすすみ、若い世代は先祖伝来の言葉を喋れなくなった。

おどろくほどの迅速さで北京語圏が成立してしまったのだ。彼らのいう「中華文明」とは北京語の言語空間のことである。

四川大地震で最悪の被災地となった汶川県から安県、北川県はチワン族の犠牲が目立ったが、この民族は30万人しかいない。絶滅の危機にあるトンパ文字のナシ族は28万しかいない。

漢族の支配が長いため、これら少数民族はとうに独立の気概を奪われ、民族の独自な歴史を教わる機会もなく、先祖伝来の言葉も禁止されてきたため中国語（北京語）以外喋れなくなった。トンパ文字を誇ったナシ族、かつて清朝を打ちたてた満洲族、大理国を統治したイ族などもかなりの程度まで漢化した。

4年前、湖南省の山奥でトン族の若者と知り合ったが、「親はトン族の言葉を喋りますが、私らの世代は『おはよう』くらいしか言えない」と哀しそうだった。

当局が「テロリスト」呼ばわりして特別警戒に当たるウイグルのイスラム原理主義過激派、チベットの独立を叫ぶ運動家、そして台湾独立運動家は逆に漢化を拒んできた。

とくに台湾では08年5月に漢族主流の国民党政権が復活し、2012年に馬英九が再選された。独立路線を無視する統一派が政権を握ったため北京は安心したのか、台湾には柔和路線を打ち出している。

また天安門事件以後は「自由、民主」の活動家が欧米に亡命したため中国共産党は当面のところ相手にしていない。特別な警戒をしているのは地下教会というキリスト教信者のシンジケートの増殖である。

日本のマスコミがほぼ完璧に無視しているバチカンと中国の宗教政策の対立も根深い。

バチカンは明確に北京との国交樹立を否定している。駐台湾バチカン大使は「人権と自由の向上が無い限りバチカンの北京承認はありえず、台湾とバチカンの関係はきわめて良好と言える」と記者会見している。

「バチカンが北京に苛立っている理由は地下教会への弾圧と、地区の司教などへのバチカンの聖なる任命権を中国共産党が堂々と無視して地区司教を任命する事実だ。2008年5月に中国の音楽使節がイタリアを訪問しバチカンの音楽施設で公演、翌日の北京外務省は記者会見で『バチカンとの国交樹立はまもなくだ』などと豪語したが、そういう環境にはない」（台湾ニュース英語版、08年7月5日付け）。

中国のカソリック信者は公称1千万人。プロテスタントの地下教会の信者は7千万人とも言われる。中国には合計8千万人ものキリスト教信者がいるが、実態は謎のベールに包まれている。文化人類学的な民族区別を超えて、キリスト教の信者は共産党に反対する漢族が主流である。

ダライ・ラマの平和主義は世界から賞賛

つぎにチベット情勢を簡単に見ておこう。

ラサ市内にある夏の宮殿は荘厳な建物で、かつてダライ・ラマ猊下が賓客に謁見された応接間には色彩豊かな曼陀羅が壁画になっている。

そのチベット史の絵物語の最終場面は毛沢東が玉座に鎮座して右にダライ・ラマ猊下、左にパンチェン・ラマを陪席させ、周りが周恩来と劉少奇という構図だ。完全に暴君がチベットを支配し聖人を従えて統治するという改竄絵。ラサ市内のほとんどの寺で同じ展示内容だ。

チベット各地を歩いてもダライ・ラマ猊下の写真、肖像の掲示が皆無となった。恐るべき文化の抹殺！　こうもえげつない行為を平気でやってのけるのも中華思想の病理、愛国攘夷の典型的歪みからである。

つい最近も「テンプルトン賞」受賞式のためロンドンを訪問したダライ・ラマ法王は、『サンデー・テレグラフ』（2012年5月13日付け）との独占インタビューのなかで、「わたしは毒殺されていた可能性がある」と衝撃の内容を語った。昨年、あるチベット女性が近づいてきたが彼女の髪の毛、衣装のなかに毒が含まれていた。この女性はチベット人だが、ある事情により中共によって訓練されたエージェントであることがわかった、という。

それでもダライ・ラマ法王は「チベット独立を求めず、高度の自治を」と世界の世論に訴え、この非暴力主義はほとんどのチベット人の賛同を得ている。

「中国はすくなくともチベットの宗教活動への容喙をやめ歴史教育と言葉に関しての自治を与えよ、さもなくば『文化の虐殺』ではないか」とダライ・ラマは世界に向かってメッセージを発しているが、仏教徒が多い日本でダライ・ラマの訴えがこころの琴線を深く動かしてきた。

長野の善光寺やそのほかの寺々では連続的にチベット仏教の催しが行われた。

チベットの若者の一部にはダライ・ラマの平和路線に飽きたらず実力行使も必要ではないかと主張する民族自決グループ（「チベット青年会議」）が存在する。

チベット独立の声は世界に拡散したチベット人の活動によって米国でとみに強く、連邦議会ならびにリチャード・ギア、ジョージ・クルーニーなどハリウッドに有力な理解者が多いため、「民族自決」の雄叫びは永遠に続くだろう。

２００９年の胡錦濤訪米、12年の習近平訪米のおりにワシントンの主要道路はチベット独立を掲げる留学生が埋め尽くした。

歴代米国大統領はダライ・ラマ訪米のたびにホワイトハウスに招待して話し合いをおこなう。英国もキャメロン首相がダライ・ラマ法王と会見した。日本の歴代首相でダライ・ラマと首相官邸で会見した政治家はいない。何を恐れているのか、筆者には理解不能である。

ラビア・カーディル女史は「ウイグルの母」

中国の横暴に抗して爆弾闘争も辞せずと果敢に「東トルキスタン」の独立を主張するイスラム教徒がいる。

ウイグル人からみれば漢族は勝手に侵略し、ウイグル人の土地で核実験を行い、さらには原油とガスを盗掘しているのが漢族、その恨みはウイグル族の精神に刻印され、記憶回路に長く蓄積されており、和による解決などあろうはずがない。

２００８年夏の北京五輪のおり、北京市公安副部長だった孟宏偉は「北京五輪中、特別に警戒するべき対象は①五輪の機会を絶好の政治宣伝のチャンスと考えるテロリスト。②東トルキスタン独立運動を目指す過激派。③治安対策で忙殺される隙をねらって重大犯罪が引き起こされる可能性の３点である」と警告していた。

もとより北京開催が決まった直後から中国はテロリスト対策に幾重にも取り組んできた。９・11型の物理的テロより、北京がもっとも神経を使ってきたのは１９９５年３月20日に東京の中枢を襲った地下鉄サリンガス事件の類似テロ対策だった。オウム真理教のサリンガス事件を、軍事的防疫的視点から克明に研究してきたのは米国、中国、そしてロシアだった。中国を旅行して筆者が肌で感じるのは「液体」検査の厳密さ。五輪前には空港で蜂蜜の瓶まで没収されている日本人観光客がいた。機内に預ける荷物まで開けさせられた。

9・11直後に米国は炭疽菌をばらまかれるテロの恐怖と闘った。

日本政府はサリン攻撃から僅か3時間後に、無色透明の化学物質をサリンと断定し、テレビニュースで公開し、さらに短時日に犯人グループを逮捕した。東京の事例が、ことのほか、中国当局の研究対象となった。

北京五輪期間中、生物化学兵器スペシャリストが188名、40ヶ所に待機した。2003年9月「長城2003」と銘打たれた軍事演習を皮切りに2006年の「長城2号」から2008年6月の「長城5号」まで6回の生物化学兵器テロ対策演習が実施されたのだ。

正当な権利である民族自決の基本原則に基づいた独立運動の活動家らが中国共産党によって一方的に「テロリスト」呼ばわりされているのが、新疆ウイグル自治区にいるウイグル族のイスラム原理主義者なのである。

文化人類学から言えばウイグル族とはトルコ系（チュルク）。中央アジアからイスタンブールまで連帯の輪が広がっている。

古代よりチュルク族は突厥《とっけつ》、回鶻《かいこつ》とか言われた。匈奴《きょうど》、鮮卑《せんび》に追われ、北方から西方へ散らばり、元の先兵として欧州まで出兵し、したがって現在の新疆ウイグル自治区から「西トルキスタン」といわれたカザフスタン、ウズベキスタン、キルギスタン、トルクメニスタン、そして現在のトルコへと分散する。新疆ウイグル自治区の先住民族はトルコ系である。

かれらの基本はイスラム原理主義だから世界のイスラム過激派とも連携しやすい。広範な地下のネットワークがあり、9・11テロまでに千名ほどのウイグル人の若者がタリバンの軍事秘密基地で訓練を受けていた。一部はアフガニスタンでソ連の侵略に立ち向かい、ソ連崩壊後はイスラムの大義を求めてチェチェンにも出かけて戦った。これまでにもイリ暴動に象徴されるように死者数百人にも及んだ「暴動」がたびたび発生、08年2月にホータンで千人規模の暴動、同年8月にはカシュガルで武装警官32名を殺傷する事件もあった。

だが地下運動は15か16の団体に分かれており、ウイグル民族主義では団結しにくい状況にある。というのもスターリン時代に数人のウイグル指導者がモスクワへ呼び寄せられ、飛行機事故で全員が謀殺された。爾来、卓越したリーダー不在のため「東トルキスタン独立運動」には整合性が不足する。

世界的に有名なのは「非暴力」を訴えるカーディル女史で「ウイグルの母」と呼ばれ、2007年のノーベル平和賞最有力候補だった。だが北京の猛烈な妨害工作でつぶされた。カーディル女史が訴えたのは中国政府の巧妙な民族浄化作戦である。ウイグル族の若い女性20数万人を「集団就職」として沿岸部へ移住させ、あげくに漢族の男性と結婚を強制している実態が明るみに出た。エスニック・クレンジング（民族浄化）の巧妙な長期作戦である。

また新疆ウイグル自治区全域にモスクがあっても驚くなかれ、コーランは禁書。聖地エティカル寺院に漢族の観光客は土足であがりこみ、顰蹙《ひんしゅく》を買っている。漢族へのルサンチマンはＤＮＡとして深く染みこんでいる。

08年には最過激派の「東トルキスタン・イスラム運動」（イスラム原理主義過激派）が北京へのジハードを宣言した。

従来、イスラム過激派は「シオニスト」と「帝国主義」を敵と公言してテロ活動を展開してきたが、名指しで中国をあげたのは初めて。以下の宣言がなされている。

「異端の中国人占領者は軍人、役人、政治家、経済人の如何を問わず、非合法の存在であり、ジハードの攻撃対象である。この声明は宣戦布告である。彼等は東トルキスタンから直ちに撤退しなければならない」。

ここでは「中国人占領者」と定義付けがおこなわれ、東トルキスタン（すなわち中国がいう「新疆ウイグル自治区」のこと）から出て行けと要求しているのである。「軍人、政治家、役人、ビジネスマンを問わず非合法」と決めつけ、こう続けている。「東トルキスタンに居住する中国人移住者を非合法の存在とみなす。彼等こそ中国による占領を最も端的に具象化した存在である。東トルキスタンから引揚げ、元の所へ戻らなければならない。最初にして最後の警告である」。

こうしてウイグル族の独立運動の背後に世界的なイスラムの連帯がある限り、恒久的に漢族との戦いは継続されるだろう。

はじめて大々的に世界の自由運動と呼応した日本の有志議員団

２０１２年5月14日、訪中した野田首相は胡錦濤との個別会談をつめたく拒否された。原因はウイグル独立運動を世界で展開するカーディル女史の日本入国にヴィザを発給したからである。

日本政府は新疆ウイグル自治区における「東トルキスタン独立運動」を「内政問題」として政治論争を逃げるように回避し、頬被りを決め込んできた。世界の趨勢はすでに中国への一斉批判となって大合奏が鳴り響き、人権問題に敏感な欧米諸国は日本の反応ぶりを「期待」していた。

チベット、ウイグルそして台湾独立問題、南モンゴル問題は地下で連帯している。

２０１２年5月14日は「歴史的な日として記憶されるだろう」という謳い文句で、第４

回世界ウイグル会議が東京の国会議事堂門前にある憲政記念館で開催された。

世界20ヶ国代表、多くの日本の国会議員、ならびに支援する人々が集った。前回は3年前、米国ワシントンで開催された。東京の会場には内外記者団も200名近く、テレビ中継には50台前後のカメラが並んだ。

この会議は世界的大ニュースなのだ。

冒頭、世界のウイグル人社会から敬愛され、「ウイグルの母」としてノーベル平和賞候補にものぼったカーディル女史が登壇した。彼女はやさしい笑顔で演説を始めた。

「ウイグル人の諸権利をもとめる声を支持していただき感謝申し上げ、アラブの春や世界で自由のために戦って命を落とした人々の冥福と、遺族へのお見舞い、同情を真摯に申し上げます。中国の官憲が東トルキスタンで強行しているウイグル人への違法な殺人を含む暴力鎮圧、チベットの連続的な焼身自殺事件を見ても、中国の暴力による弾圧に抗議する自由への戦いがあり、あるいは中国の政治の方向に関して、指導部のなかに激しい対立が見られる。近い将来、中国でも『予期せぬ変化』が起こる可能性を最近の王立軍亡命未遂、薄熙来失脚事件などの発生が鮮明に示唆した」

にもかかわらず、としてカーディル女史は続けた。「張春賢・新疆ウイグル自治区書記は2010年7月の訪米を終えると、ホータン、カシュガルなどで弾圧、虐殺を再開した。

ウイグル人の血で両手を染めた前任の王楽泉より、すこしはましな指導者かと期待したが、それは裏切られた。しかし、ウイグルの人権活動は国際社会で認知されるようになり、日本では安倍晋三先生らがウイグルを支援する『日本ウイグル国会議員連盟』(会長＝古屋圭司、事務局長＝西田昌司)が設立された。トルコのエルドアン首相は訪中の第一歩を新疆ウイグル自治区のウルムチから開始した。ウイグル問題は、いまや国際的な自由運動の一部となった。中国はこのウイグルやチベット問題を解決しない限り、かれらが望むような国際社会での地位を確立することは、とうてい出来ないだろう」

参加者を代表して最初の発言は平沼赳夫「たちあがれ日本」代表がおこない、「尖閣諸島問題で理不尽な中国は、自由を信奉する人々からは許せない暴挙であり、今後、自由という共通の価値観で世界は連帯できる」

古屋圭司議員が続けた。「議員連盟会長として、カーディル女史の日本へのヴィザの発給を妨害した中国のやりかたは信じがたい。中国はウイグルを核実験場として46回実験を行い、一方で原油生産が中国全消費の3割をしめるウイグルの地下資源を(北京は)『核心的利益』と呼び、手放さない。このほか、他民族を強制的に移住させたり、ウイグル女性を漢族男性と強制的に結婚させたり、歴史的遺物を破壊したりする行為は信じがたい。ところが日本政府は『ウイグルは中国の内政問題』として、せっかくの北京の日中韓会議でも議題にさえしなかった」

　下村博文議員、「われわれ議員有志は4月にもチベットのセンゲ首相を東京にお迎えしたときに91名の有志国会議員が集合した。ウイグル、チベット、そしてモンゴルの民族問題は自由を抑圧する中国の認めがたい文化の抹殺であり、日本の議員としても『我が事』としてうけとめ、今後も対応したい」

　高市早苗議員は次のように述べた。「ダライ・ラマ法王の訪日直後にわたしは国会質問で野田首相にこの問題を問うたが、『それは中国の内政問題だ』という姿勢だった。極めて残念である」

　櫻井よしこ・国家基本問題同志会会長も発言した。

「アジアの国々から日本への強い期待が寄せられている。それぞれの民族への支援をなし、よりよいアジア、よりよい世界の建設のためにアジアの国々は日本に力を発揮して欲しいと望んでいる。日本はそうした役割と責任を持つ。中国があれほどの金持ちになりえた基盤は日本のODAではないのか。人権、民主、法治、自由を尊重する。これらを担保とする体制をつくるために日本のカネ、影響力、そして技術のすべてを注入するべきである。日本の政治家はもう黙っていない」

　田母神俊雄・頑張れ日本！　全国行動委員会会長がまとめた。

「日本独特の『優しさ』は中国にはない。日本が優しさを示すと支那事変となったように、日本が甘いと中国は過度につけあがる。日本は中国にもっと毅然とした態度で臨むべきであり、そのためには抑止力としての防衛力を増強しなければ、やがて中国以外の国々からも日本は相手にされなくなるだろう。中国軍拡、日本軍縮。この20年で中国の軍事力は物理的に日本を超える脅威となっている」

このほかトルコ国会議員、イタリア上院議員、米国民主基金総裁など世界の代表からの発言が続いた。場内はぎっしり満員で参加者の熱気に溢れた。

ウイグル代表団は初日に揃って靖国神社に参拝した。中国のメディアは一斉に「テロリストに協力した日本」とする批判を掲げた。

会議は最終日にカーディル議長の三選を決めた後、中国大使館へデモ行進した。またカーディルは石原都知事の発議で尖閣諸島購入のカンパがおこなわれていると聞くや、議員連盟を通じて10万円を寄付した。

日本でも、こうやってウイグル独立運動との連帯が始まったのである。中国の強硬姿勢が逆に日本人の良識に火をつけ、中国のいう理不尽な要求に立って抗議をはじめたことも江沢民の反日路線の残滓とはいえ、想定外の出来事ではないのか。

〝南モンゴル〟って何処？

かくてチベット、台湾、ウイグルの独立運動は日本でも横の連絡網が構築された。忘れられた存在は蒙古族である。地政学的に蒙古族は三つの地域に分断された。

①現在のモンゴルと②ロシア領内のモンゴル族自治区、それに③中国に編入されている内モンゴル自治区である。

日本でのイメージは朝青龍や白鵬のモンゴルだが、チンギス・ハーンの時代は世界帝国を築いて、日本を服属させようと2回も大軍を送ってきた（元寇）。モンゴル民族主義の原則からいえば右の3つを〝合邦〟し、チンギス・ハーン以来の独立国家を樹立することはもっとも理想的且つ理論的でもある。しかし地理的にロシアと中国に挟撃されていて、実現は難しい状況が続いている。

合邦による独立が不可能と悟った「蒙古覇王」のウランフは1949年に毛沢東と妥協して中国領の自治区としての生き方を選び、代わりに内モンゴルの覇者となった。

爾来、モンゴル族の無理矢理の糾合を恐怖政治で断行し、反ウランフ派、とくに満洲国時代に関東軍と協力した人々は粛清された。その後、中国からの分離・独立を叫ぶ知識人たちは拘束されてほとんどが処刑された。僅かの知識人らは海外へ逃亡した。

１９３２年に日本は満洲国を建国した。世界の33ヶ国が満洲国を承認した。

その後、満洲族はどうなったかと言えば、毛沢東の民族隔離政策で遠く新疆ウイグル自治区へ多くが移住させられたほか、そそくさと漢族に戸籍替えした満洲族も多い。往時１千万人もいた満洲の荒野でも少数派に転落。いまや満洲語を喋る満洲族は稀な存在となった。

こうみてくると表向きのニコニコ作戦とは裏腹に、北京にとって心理的な脅威は台湾独立である。

もし台湾が独立すると、内モンゴル、新疆ウイグル、チベットの各自治区でも連鎖的に独立運動が噴火するため、必死に封じ込めるのだ。

李登輝元総統をあれほど口汚くののしり、陳水扁前総統に対しても首を傾げるほど悪罵の限りをつくした。これほど汚い言葉が地球上にあるかと思われるほどに罵詈雑言を発明した。

革命後、中国共産党は一貫して「台湾は中国の一部」だと言い張って譲らないが、歴史的に一度も大陸の統治が台湾へ及んだことはない事実は伏せたままである。

肝心の台湾では毛沢東との内戦に敗れて蒋介石が台湾へ逃げ込んで勝手な統治を暴力的に始めてから外省人の中華思想に染まった人たちが祖国の統一を獅子吼し、台湾は中国の一部であり、いずれ統一されるというおかしな主張をいまだに展開している。排外主義的で唯我独尊の中華思想は台湾の外省人にも共通する病理である。中華思想を基礎に愛国を強調する彼らにとって歴史的事実や科学的客観性というものはなにも意味がないことがわかる。中華思想なる考えは漢族が世界一優秀な民族であるという偏愛を基本にするから日本に敵対的である。これは習近平時代になっても基本的にはかわらない構造である。

親日の台湾でも尖閣諸島のこととなると世論は反日一色となるように、台湾の為政者にとっても便利な政治的武器である。

北京は日本と台湾の親密な関係を離間させる工作を熱心に進めており、そのために尖閣諸島の帰属問題を台湾の国民党や統一派を駆使して、これからも日本に吹っかけて来るであろう。

ましてや株式と不動産が暴落し、中国経済は未曾有の不況を迎えたため民衆の反政府暴動の矛先をふたたび反日に向ける可能性がある。

そうした政治工作は少数民族対策にも有効である。

「習近平ドクトリン」が垣間見えた

胡錦濤時代という「江沢民院政」の時代が終わり、次にやってくる習近平時代は、どういう特色を予測できるだろうか?

習近平の連続講話から次の「習近平ドクトリン」が垣間見えてきた。

習近平にとって、もっぱらの関心事はライバル薄熙来の失脚に対しての保守派の攻勢、上海派の巻き返しを横目に、胡錦濤ら共青団との共存共栄の道の模索だろう。

そのうえ秋に「習近平ドクトリン」を提示する必要に迫られている。

社会的には各地に頻発する民衆の抗議行動や暴動を抑制し、安定した社会システムを構築することが果たして可能かという難題ではないか。

30年前、中国の1人あたりのGDPは僅か168ドル、世界最貧国のひとつだった。改革開放から30年を経て、2011年の1人あたりのGDPは5414ドルと、じつに32倍強の躍進ぶりがあった。経済が豊かになれば人間の認識力、こころのあり方、人生への姿勢も必然的に変わる。情報の量も格段に多くなる。

30年前、女性は人民服をまとい、ようやくパーマ屋さんが営業を開始した。広場には日本が寄付したテレビがあり、無数の群衆が映像にじっと見入った。日本から「おしん」が輸出され、映画のヒロインは中野良子、栗原小巻だった。夜、道路に明かりはなく、まっ暗ななか、裸電球のともる場所をすかしてみると夥しい人間がいた。自転車さえが、裕福な家庭の乗り物だった。食うや食わず、一軒の家には食料の蓄えもなく、ボロボロの衣服。テレビどころか、辺境の農村には電気がきていなかった。農業は牛馬、肉を食するのは1ヶ月に一度くらいだった。

その中国が日本のGDPを凌駕して、龍の勢いはそれでも収まらず、BMW、ベンツを乗り回し、贅沢な海外旅行、豪華ブランド品の売り上げは中国が世界一となり、欧米のデパート、スーパーもホテルもこぞって中国へ進出した。社会工学的にいえば、こういう激変の中国にあって、貧富の差の拡大という社会矛盾が大きな社会騒擾を生むのは当然の帰結である。

だから習近平は次のように演説するのだ。「社会矛盾を解決し、社会の安定と安寧をもたらすために我が国は政策の変更が迫られている。第18回党大会前に民衆の要求をくみ上げ、社会の膿をはき出すシステムを早急に構築しなければならない」。これは習近平が党中央学校の入学式で述べた内容だ。

中国では過去1年だけをもぎとって見ても民衆の抗議行動、暴動の規模は大きくなっている。

２０１１年５月には内モンゴル自治区で牧畜に携わる民衆の抗議集会が開かれた。江西省撫州では連続爆破事件。省政府ビル前で農地強制収用に抗議して農民が自爆したのである。

この事件は共産党への怨念がいかに凄まじいかを物語ると同時に、いったい爆薬を、自爆者はどうやって手に入れたか。軍の武器庫から不正に密売されマフィアに流れる武器の夥しさ、そうした社会全体のモラルの弛緩も、大きな問題となった。官僚は汚職に忙しく庶民の悩みなんぞ聞いている暇もない。

２０１１年６月には広東省増城で工員の暴動、９月には陸豊市烏坎村で村民らの連続的決起集会と暴動（これは「広東モデル」と呼ばれ、村民が勝利し、旧幹部は追放され、自主選挙が実施された挙げ句、農民代表が村党書記に当選した）。

２０１２年４月には陳光誠の米国亡命騒動、５月に雲南省の農村での自爆テロ、重慶での連続的抗議集会。

習近平は「こうしたことが何故起きるのか。原因を極め、庶民の望みが一体、何か、よくよく調査しなければならない」と発言した由だが、原因はとうに明らかであり、元凶は共産党の独裁による腐敗、不正。権力者だけの富の寡占により民衆の暮らしが成り立ちにくくなったからである。しかし民衆のルサンチマンを太子党の習近平は理解できない。

２０１１年11月、習近平は党中央学校秋季式典で右の講話をおこなった。12年1月5日、習近平は党中央学校第四十八期省部長級幹部の研修会で、「民衆工作の効果、民衆との接点を深めつつ、人民の内部矛盾を処理せよ」と強調した。社会工学的改良策より、人民を管理下におくノウハウが差し迫った課題というわけだ。

２月23日、省幹部級会議で「社会の管理、新しい政策あるいはシステムの構築」の必要性を重ねて演説し、暴動、抗議集会などの原因を調べ、いかにして安定社会が築けるかを要請した。つまるところ、人民の管理方式に新システムを導入せよと言っているだけなのである。

５月16日、共産党中央学校春季入学式において、党学校校長をかねる習近平はおなじ事を講演した。「いかにして基本の考え方を立て直し、民衆を管理し中国革命を推進してゆくか、それぞれの任務を十分に果たせ」などとし、「民衆の重視は共産党の基本であり、民衆との団結、宥和が革命の理想である」と白々しいことを強調した。

富の偏在、貧富の拡大に目を向けず、社会を安定化させよなどとする習近平の講話を学生等は如何に認識したか。民衆の暴動、抗議集会、自爆テロには新しい社会管理方法で立ち向かえと言われても、戸惑うばかりではないのか。

これら習近平の連続講話から推定できることは新世代の次期指導者に対して、共産革命の維持と社会の安定が不可欠であると強調したことになるが、党学校に入ったエリートの卵等が党テクノクラートとして社会に出る頃、中国社会は騒擾、騒乱、暴動の巷と化しているのではないのか。

第五章　日中、共存共栄の道はあるのか

中国と米国が太平洋を東西に分け合う？

最終章では日本の現状と今後の日中関係を日米、日欧関係の展望の中で予測しておきたい。

現在の趨勢がこのまま推移して、すなわち中国の軍事力の増大ペースがいまの勢いで加速されてゆくと仮定すれば、２０３０年に米中の軍事力は対等となり、ＧＤＰ競争でも米中両国が並び、世界秩序は東西を米中が覇権で分け合うことになりそうな雲行きである。

そうなれば米軍は極東から去る。現に沖縄海兵隊の一部はグアムとオーストラリアへ「撤退」を始めているが、数年前に訪米した中国軍幹部が冗談交じりに米海軍太平洋艦隊

司令官に言った「ハワイの東西で米中は覇権を分かち合いましょう」が現実のものになる?

すでに中国海軍は第一列島線を突破して、第二列島線すれすれに迫っている。夥しい潜水艦が米軍空母の力量を相対的に弱めている。空母を破壊できるミサイルも実戦配備につけたという軍事評論家がいる。

財政的にみても中国海軍は20年以内に2倍の陣容となるが、逆に米軍は国防費全体が縮小方向にあって、太平洋艦隊は70%ほど予算が減少する。何処かの時点で米中の軍事バランスがクロスする。もっと露骨に言えば米中のアジアにおける軍事力は逆転を始める。

アジア各国はそのことを恐れているが、中国は平然と「中国の軍事力はすべて平和を維持するためである」(李肇星・全人代スポークスマン。元外相)と嘯いた。加害者が被害者を装うのはテレビの探偵ドラマだけではない。中国ではドロボーが逃げるときに大声で「ドロボー」と叫びながら駆け出す。

いったい、そのとき日本はどうするのか?

国家の基本である防衛をころりと忘れ、日米安保条約で米国の核の傘に隠れて安全保障をないがしろにしてきた戦後のぬるま湯のツケが一度に回ってくる。そのときの日本の選択肢は(一)もっと対米安保税(つまり「思いやり予算」)を支払って米軍という傭兵にいていただくか、(二) 中国の軍門にくだって中国覇権の一地区の小さな王国として巨大な貢ぎ物をしながら奴隷のように存在を許していただくことになるか、(三) 自主防衛力を高めて独立主権国家として米中の狭間を生き抜くかの3つから選ぶ場面が想定されるだろう。

昨今の米国外交は使命感を希釈させたかのような著しい後退ぶりであり、中国の意気軒昂なる進出ぶりと対比すると、いまや「日米関係は米中関係の補完因数でしかない」という恐ろしい現実を客観的に飲み込める。

2012年5月18日、米国国防総省（ペンタゴン）は『中国軍事力年次報告書』を発表した。

中国の脅威を軍事面から具体的に示したペーパーだが、「中国の軍事近代化は着実に持続されており、経済の外交利益の拡大に伴い、中国軍は国際上、新しい責任と使命を負うようになった」とも指摘している。

同報告者は「中国軍の近代化の目的は地域紛争に勝利する能力と情報化に基づく短期的な地域軍事活動を展開する能力を高めることである。米中は『健全で安定的、持続的でかつ信頼出来る両軍関係の構築』を求めているが、同時に米国は中国の軍事戦略と指導方針、その発展状況を監視してゆく」としている。

とくに台湾侵攻の可能性があることを否定せず、「台湾海峡での有事の際に米国の仲裁を拒否し、台湾軍を撃退するために軍事力の拡充を続行している」と警戒している。

またサイバー攻撃の能力が非常にたかまっており、経済、とりわけハイテク情報を盗みだす中国の活動を特筆して次のように書いている。「米国へのサイバー攻撃は中国がおこなっている可能性が高いが、これは中国の謀略機関の戦略の一環であり、米中軍事交流の対話で主要な議題となっている」。

さてはて米国の国防目的の感覚は斜めに読んでも行間を読んでも、一向に日本防衛のニュアンスも責務も薄っぺらにしか感じられないペーパーである。この低い「格調」に賢明なる読者はお気づきであろう。

ちょうど米国の中国軍事報告書が発表されるタイミングだった。東京のアメリカン・センターで「アジア太平洋の海上安全保障と日米中関係」というシンポジウムが開催されたので筆者も参加した。

パネラーはブラッド・グロッサーマン（防衛専門家、コラムニスト、ジョージ・ワシントン大学で博士号）、マイケル・マクデビット（米海軍分析センター上級研究員）、ジャスティン・ゴールドマン（CSISフェロー）、香田洋二（海幕防衛部長、自衛艦隊司令官を歴任、米海軍大学卒）、楊毅（中国国防大学研究員、退役海軍少将）の5人である。

それぞれが自国の論理に基づいての持論を展開し、近未来のアジアにおける防衛のあり方を模索する討論内容だった。しかしながら筆者の率直な印象はと言えば、「米軍は日本防衛を本気でやる気はなく、いかにこれからは中国と妥協し、中国を国際秩序に巻き込んでいくか。そのための政治的妥協をいかにしていくか」という見えない命題が米軍の基本的考え方の中枢にあると思った。

なぜなら尖閣諸島に関して米側からの発言は「日米安保条約は尖閣諸島を（共同防衛の）対象に含めているが、これを米軍が護るかどうかの問題が重要なのではなく日本の自主的行動が先になければならない。また尖閣が実際に日本に帰属するかどうかを米国は議論しない」

かねてより米国高官の発言は尖閣を護るかどうかに関しては曖昧としており、カーター政権当時のモンデール副大統領は明確に「尖閣は日米安保条約の防衛対象ではない」と言い切ったことがある。

東日本大震災で「トモダチ作戦」はなされたが、肝心の対中軍事行動の訓練に関しては、民主党に政権が移行して以来、日米間は政治的にささくれだっており、日米の次の共同作戦は辺野古問題がこじれて議題にさえならず、中国の脅威を目前に見ながら何一つ具体的な行動も計画も進捗していないという驚くべき現実がある。

中国外交の第一目標である日米離間はなかば達成されたような錯覚を抱いた。

そしてNATOは反ソ同盟から変質

NATOは大きく変質しつつあり、首脳会議が開催されたシカゴは大荒れだった（2012年5月20日）。会議粉砕を叫ぶ暴力的なデモが荒れ狂い、ボーイング社は操業を停止した。

オバマ暗殺を狙ったとされるテロリスト数名が拘束され、オランド仏大統領は遅刻し、なかでも椿事はNATOに関係のない日本の外務大臣が呼ばれアフガニスタンへの拠出金をねだられた。「オバマの演説が終わる頃を計算してオランドが会場入りしたのは、フランス兵3400名の年内撤退で延期を要請するオバマに言質を取られたくない用心のため」（『ワシントン・タイムズ』）。

この北大西洋条約機構（NATO）首脳会議は5月20日から開催されたが、直前までキャンプ・デービッドではG8、野田―オバマ会談もおこなわれた。

シカゴでのNATO首脳会議で何が決められたか。

ラスムセンNATO事務総長は「2018年に完成する欧州ミサイル防衛（MD）の初

期運用の開始」を宣言した。これはNATOが増強中の「スマート防衛」の一環。具体的にはイランの長距離弾道ミサイルに備え、イージス艦や早期警戒レーダーなどを連携稼働させて敵ミサイルを撃墜するという欧州全体の防衛構想である。すでに初期段階では早期警戒レーダーをトルコに設置したほか米海軍のイージス艦2隻を地中海に配置している。NATO海軍本部はトルコのイズミールだ。

つぎにポーランドとルーマニアに迎撃ミサイルを配備するが、ロシアの反発が強くイラン迎撃用という説明を疑っている。プーチン露大統領がG8を蹴飛ばした（代わりにメドベージェフ首相が出席）が、その直接の理由がこれだった。反発してオバマは9月のウラジオストックのAPECを欠席する。

NATO首脳会議では2011年のリビア軍事援助空爆行動でNATOは上空からの監視・偵察態勢の不備が明らかとなり、このため無人機5機を購入する。他方、ラスムセン事務総長はシリア情勢に懸念を示したが、「NATOがシリアに介入する意図は全くない」とした。

加盟28ヶ国の首脳が出席したが最終日には「アフガニスタン撤退戦略」が議題となった。NATO宣言は「国際治安支援部隊（ISAF）」のアフガニスタンにおける活動が2013年半ばまでに戦闘主体から、アフガン治安部隊、警察の訓練、支援主体に切り替わる基本方針を明記した。さらに2014年末までにISAFは戦闘任務を終了、アフガニスタンに治安権限を移譲して撤退する。従ってNATOは「アフガン治安部隊の維持にかかる費用の財政負担」（41億ドルを想定）を日本などに求めるのだ。だからNATOのメンバーでもない日本が呼ばれた。ほかにオーストラリアも財政分担金1億ドルを表明した。インド、ブラジルなどは無関心だった。

玄葉外相はシカゴのNATO首脳会議でアフガニスタンに関する日本政府の立場を表明し、「2015年以降も治安維持のための（財政）支援を行う考えがある」とした。ただし、玄葉外相は「アフガン自身の治安能力の向上が不可欠だ。我が国は2015年以降も治安部隊に対し、適切な支援を継続していく」としたうえ、7月に東京で開催する「アフガン国際会議」で、日本以外の各国も資金支援を行うよう求めた。

イスファン・タルーハはこう書いてNATOを批評した。

「NATOは世界最強の軍事同盟から西側の衰退を示すかのように退化し、廃棄物となるのだろうか」（『タイム』、12年5月28日号）。

「ヒトラーもソ連もいなくなったらNATOの存在意義は何かという問いにラスムセン事務総長は『コソボ、ソマリアの平和維持、イランへの備え、そして新しい安全保障上の脅威に対処する世界防衛のハブがNATOだ』と答えた。それは対外的説明であってもNA

TO内部、とくに加盟国を十全に説得できないだろう。リビア空爆で英仏は張り切ったが、所詮、米軍頼りだった。シリアには介入できずNATOがインポであることを証明した。そもそも米国は大西洋から太平洋に関心を高めている。NATOは無用の長物化するのか」。こういう辛辣な見方を『タイム』がしていることを銘記しておこう。

つまり日本の安全保障の環境は日米安保条約の劇的な変質、NATOの衣替えによって、まったく新しい条件のもとに再構築される必要があるのだが、日本の貧弱な政治がそのパラダイムシフトを認識できていないところに日本の病理がある。

国際資本は中国から逃げ出している

中国共産党幹部に倣ってか、国際資本も静かに中国からの撤退を始めている。連続六×四半期（一年半）も外国資本の中国投資が減少を示している（拙著『中国が世界経済を破綻させる』、清流出版参照）。

ゴールドマンサックスもUBSもバンカメもロイヤルバンク・オブ・スコットランド（RBS）も、中国工商銀行、中国建設銀行、中国銀行が香港に上場した折の幹事行。しかもそれぞれが相当な株式を引き受けた。たとえばゴールドマンサックスは中国工商銀行の4・9%株主だった。金融危機直後から持ち株の売却を急いだ。とくにリーマンショック以後、保有株式の転売は拡大した。

ゴールドマンサックスは転売先を探し、保有する株式を売り抜け、いまでは中国工商銀行株は30億ドル分ほどに低下したが、その分を買い進めてきたテマサクが占めた。同社はいまや中国工商銀行の1・3%の株主となった。今回は23億ドルを投じて中国工商銀行の株をゴールドマンサックスから買い取った。

「テマサク」とはシンガポール政府肝いりの主権ファンド。規模は1500億ドルだが、リー・クアンユー（シンガポールの独裁者）一族が管理し、彼らの組み立てた金融戦略上のポートフォリオ（投資の配分比率）で投資する。テマサクの不動の信念は「アジアの銀行株」だ。このテマサクは中国建設銀行、中国銀行の株式も保有しており、全体のポートフォリオの20%が中国の銀行であるという（『ヘラルド・トリビューン』、4月17日）。

一方、香港からロンドンへ本社機能を移転したHSBC（香港上海銀行）は逆方向を向いている。2010年から本格化した人民元建ての債券市場（現在は香港のオフショア市場だけだが既に168億ドル規模）が、近くロンドンでも取引可能となり、ロンドン債券市場の有力商品になると強い関心を示している。

中国の外貨準備高が連続して減少したのも貿易赤字だけではなく、海外への資本流失が主因と言われる。外国企業買収、資源鉱区買収などは氷山の一角、個人や集団による外国への資産逃避、高級幹部の資産海外移転、タックスヘブン、スイス銀行等。

「それはかりか11年下半期、中国の外貨準備は実質的に増加しなかった」（エスワー・プラサダ研究員、ブルッキングス研究所ペーパー、２０１２年3月26日）。

庶民には無縁の数字だが、２０１２年3月27日に発表された、胡潤研究院と興業銀行の共同調査『２０１２年版　中国高純価値層消費需要白書』に従うと個人資産が６００万元（約７８００万円）以上の富裕層が中国国内ですでに２７０万人に達した。このうち個人資産が1億元（約13億円）以上の富裕層は６万３５００人で、この富裕層が深い関心を寄せる消費対象とは、旅行、医療保険、教育。とくに子供の教育に関しては85％が海外への留学を考えている。

中国の国有銀行に預金しても、それは中国の国有企業に貸し付けられるだけで、利息が低くリスクは低いが魅力に乏しい。だから庶民さえもが利息の高い金融商品や投資信託、あげくに高利貸し系に預金する。あるいはゴールドを買うという傾向が顕著である。すると銀行預金は減少し、預金不足に陥る国有銀行は次に国有銀行からの貸しはがしが出来ないため増資するしか残された道はない。

近未来の金融不安が心配されるが、温家宝首相は全人代最終日に記者会見し、「金融改革、金融緩和」に関して述べたなかで「（温州のような）非公式の銀行システムが経済全体の発展と社会の安定に貢献していない」と指摘した個所がある。「証券ならびに債券市場も、世銀の基準にそって改革が急がれる」と中国の金融改革を謳っている。

ＵＢＳは「中国の地下銀行が動かす資金は正式な統計はないが３１６０億ドルから６３２０億ドルの間だろう」と推計数字をあげた（『ウォールストリート・ジャーナル』、３月29日）。邦貨換算で26兆円から53兆円！

もちろん地下銀行にさえ預金されないアングラマネーが同額ほどあり、中国のＧＤＰの20％は地下経済に与する。中国の国家統計局の公式数字は李克強（副首相）が言ったように「誰も信じていない」。

つまり中国経済の昇竜の勢いがやんでおり、ネックが金融にあることを先の温家宝首相は指摘している。当局の焦りがみえる。中国経済は竜虎の勢いから激しく沈下しているのである。

貿易方面にもそれは顕著に表れている。

「世界の工場」と囃されたのも束の間、輸出拡大のペースが鈍化し、一方で猛烈な賃上げによって沿岸部での製造業がコスト倒れ、倒産、夜逃げ。広東省はとくに酷く、旧正月（12年２月）があけても３割の労働者が田舎から帰らず、新規雇用はままならず。賃金を過去4年間、毎年20％アップという優遇条件をしめしてきたメーカーでも労働者の15％が元の雇用主の下へ戻らなかった。

その象徴的事件はレノボがパソコン生産の一部を日本にもどし山形工場で生産することになったというあべこべのニュースである。米国にもどった製造業も夥しくなった。

中国の製造業は世界生産の5分の1を占めた。その製造業、下請け、孫請けなど部品ならびに加工、組み立て工場は広東省の珠江デルタ地帯に集中しており、なかでも世界的に有名なのはｉＰａｄを生産する台湾系ＦＯＸＣＯＮＮ（鴻海精密工業というのが台湾名＝郭台銘会長）だ。２０１２年２月にも賃金を25％アップしたばかりだが労働者が集まらなくなった。２０１５年までに年率30％の賃上げがあり、環境、福利厚生、電気代、社会保険などのコスト増加も加味すると中国での生産コストは、ちょうど北米大陸のそれと並ぶ。つまり中国で生産する意義は消えて無くなりつつあるからである。

そのうえｉＰａｄブームもいずれは終わるだろう。鴻海のビジネスが未来永劫発展する理由はなく、げんに5月末速報で中国の鋼材の在庫が１５６１トン、東京ドーム３８０個分もある。建築ブームが去ったことを物語っている。

遼寧省瀋陽では03年に竣工した中国最大の体育館（緑島体育館、総工費99億円）が「効率悪く用なし。ほかの商業施設に転用が有益だ」との理由で爆破・解体された。建設時、遼寧省のボスは薄熙来だった。

ドル箱だった対欧米向けの輸出は言うまでもなく激減している。

景気失速が明らかに始まっており、バブル経済は破綻しているが、開発業者らの延命のために預金準備率を過去半年で3回切り下げ、ついに6月7日、中国金融当局は金利を4年ぶりに0・25％切り下げた。

「このような安易な景気刺激策はもっと危険な状況をまねく」（英紙『フィナンシャル・タイムズ』電子版、2012年6月8日、トップ記事）。

「そうであるならば」とばかり沿岸部から内陸部に工場を移転させたメーカーは、別の難題に遭遇した。最初に移転した企業は電力、水道の未整備というインフラ遅れに直面したが、雇用は得やすかった。ただし熟練工がほとんど不在で、賃金が安いのもそれなりの理由があった。過去3、4年のあいだに進出した企業はインフラの遅れでは悩まされないが、新しい難題が待ち受けた。

半導体のような小さな部品ならば空輸という手もあるが、風袋が大きい物資は内陸部から鉄道、トラック輸送となる。そのコストは沿岸部から米国へ輸出する海運の運賃よりも高い場合があり、何のための移転であったのかと反省する企業が目立ってきた（英誌『エコノミスト』、2012年3月10日号）

悲鳴をあげている工場地帯は広東省、江蘇省、上海、浙江省、それに加えて山東省、福建省、天津、遼寧省など。そこで中国は労働力もさりながら、もっと横着をして、しかし大金をむさぼるように儲けるビジネスを血眼にさがす。

他人のブランド名を中国国内で勝手に商標登録し（エルメス、ジョルダン、クレヨンしんちゃん等）、それをプレミアムをつけて転売するなど朝飯前、次に目をつけたのは独占的原材料を他人に売らないという凄まじくもえげつない商法。その象徴的事例がレアアースの輸出制限による価格暴騰という演出、濡れ手に粟の遣り方に中国人の罪悪感はまったくない。

ランドルフ・カーチェン、エリサ・アロンソ、フランク・フィールドの３人はマサチューセッツ大学の物理学者。この３人の共著『環境の科学と技術』のなかで論じられたのは、「大気汚染を減少させるために、今後の科学技術はますますレアアースを必要とするようになる。就中、ネオジム（Ｎｄ）とジスプロジウム（Ｄｙ）は、それぞれ７００％、２６００％の供給増が予測される」とした。この供給増予測に見合うには毎年、ネオジムの生産を８％、ジスプロジウムは14％、増やし続けなければならない。

とくに後者ジスプロジウムは大気汚染を減らすための高性能エンジンに需要が見込まれており、供給の改善は焦眉の急である。

米欧と日本は合同で中国をＷＴＯに提訴した。レアアース禁輸は明らかにＷＴＯ違反だからだ。だが中国は国際ルールに違反しようがしまいが、ぼろい商売と聞けば、遣り方を変えない。

こういう経済マネー、商業道徳をもつ国がいつまで世界経済の秩序を破壊し続けるのか。あるいはこれを是正する政治力が次の習近平政権にあるか。

日本経済と同様に中国経済も大きな曲がり角に立っている。

日本の五衰はいつまで続くか

かつて政治は二流だが、経済は一流といわれたが、日本の経済の性格も変貌した。官民挙げて期待し税金も投入した半導体企業エルピーダの経営行き詰まりは、日本のテクノロジーの未来を象徴する。エルピーダは結局、米国のマイクロンに買収され、日本からＤＲＡＭメーカーが消える。

ことほど左様に日本の電子産業の衰退を裏書きしてみせたのはシャープの筆頭株主に台湾の巨大ＩＴ企業「鴻海」が飛び出したことだ。発表の日の『日本経済新聞』の見出しは「シャープ、台湾・鴻海が出資――1割、筆頭株主に。液晶パネル合弁」とあって、なんだか主役はあくまでもシャープのような印象がある。分かりやすいのは米国『ウォールストリート・ジャーナル』だった。「鴻海・シャープ――日本の衰退を裏書き（underscore）」という見出しだったから。

同紙日本語版はかく言う。「台湾の電子機器受託製造最大手、鴻海グループに自社株10％近くを譲渡し、筆頭株主に迎えるとのシャープの決定は、かつて業界を支配していた日本の電子産業がいかに凋落したかを浮き彫りにする」と。

英紙『フィナンシャル・タイムズ』も「鴻海、シャープの株式1割を取得」と事実を大きく報じた。

これほど「世界的な」事件なのである。

日本のお家芸、ものづくりの代表選手としての電子産業がかくも一途な衰退を見せた背景には韓国、台湾、中国の躍進がある。しかし根源にさかのぼれば「ヤングレポート」以来の米国の日本弱体化戦略がある。当時、米国は半導体、集積回路で日本から首位をうばえ、そのために韓国に梃子入れせよ、と提唱し、米国は官民挙げて韓国の産業を育成してきた。

台湾の鴻海精密工業が瞬く間にこの世界でのし上がってきた背景には、アジアにおける電子産業の勃興と受託生産（ＥＭＳ）の拡大がある。しかも鴻海の企業目標は「サムソン打倒」と勇ましい。電子部品から液晶パネルまで、なにからなにまで大手メーカーからの製品を受託した。アップルの「ｉＰａｄ」もアイフォーンも鴻海が生産している上、中国の子会社「富士康科学技術集団」（Foxconn）は、じつに80万人の従業員を要する大企業に成長して、鴻海グループ総帥の郭台銘は台湾財界の顔というより世界ビジネス界の顔である。郭台銘はもともと中国山西省がルーツの外省人。だからやることは荒っぽい。台湾企業という印象でこの企業集団を解釈すると間違える。

２０１０年に富士康の深圳工場では連続12件もの従業員飛び降り自殺が発生し、世界のジャーナリズムが注目した。過酷な就労条件、劣悪な福祉環境などと批判された。10名が死亡し、２名が重傷を負い、管理の杜撰さが問われた。しかし富士康はくじけず、その後も中国国内で工場を増設し、増産に次ぐ増産。大陸内だけで54万人ともいわれる従業員をかかえ、あるエコノミストは「毎年２万人が辞め、２万人以上を雇い、ほとんど毎日、同社人事部はハローワークのごとき人混み」と言う。

この鴻海のいきなりの大躍進は北京の奇美実業いじめという裏側の政治に直結する。親日家、台湾独立運動の熱烈なスポンサーで李登輝の支援者でもあった許文龍が率いた奇美グループは、数年前に液晶パネルの生産に進出して中国に工場を開いた。はじめはにたにたと揉み手をして下手で接近してきた中国は奇美中国工場での生産が軌道に乗るや、イチャモンをつけて工場長を逮捕し、許文龍に「台湾独立運動は誤りだったと新聞に広告をせよ」と命令を出した。

北京はまた台湾独立運動を封じ込めるために２００5年3月に「反国家分裂法」なる法律をいきなり制定し、大陸へ進出した台湾企業6万社、駐在台湾人１００万人を管轄下においた。許文龍は社員が中国で人質となり、恐喝同様なかたちで意見広告を台湾の主要新聞に、それも反国家分裂法に反対し台湾独立を叫ぶ１２０万人の「人間の鎖」デモ当日の05年3月26日に打たされる羽目に陥った。

李登輝は「台湾人なら誰でも許文龍さんの気持ちは分かる」と発言し、来日中だった映画俳優のリチャード・ギアは「反国家分裂法に反対する」と突如、記者会見で叫んだ。爾来、許文龍の政治発言はやんだ。沈黙を強いられたのだ。

嫌気がさした許文龍は液晶パネルのビジネスを鴻海に株式譲渡した。それがバネとなって鴻海は中国に本格的に進出し、中国の子会社 Foxconn（富士康科学技術集団）の大々的躍進へと繋がる。

他方、シャープはアジア勢と組まざるを得ない状況に追い込まれ、ソニー、パナソニックに次ぐ大赤字を記録していた。だから増資分を鴻海に購入して貰うほか、堺工場はＣＥＯの郭台銘個人が46％の株式を取得することになる。技術開発の自前主義は限界にきたということだろう。

こうした経済面での日本の衰退という趨勢は今後も連続するだろう。

米海兵隊２５００名が豪州ダーウィンの豪軍基地に駐留へ

ふたたび論点を安全保障にもどす。

中国の著しい軍拡は周辺諸国に早期警戒態勢を取らせた。とくに米国はがらりと中国への態度を変えて豪北西のダーウィンに海兵隊を、ミャンマーに特使を派遣し、南シナ海の航海の自由と地域の安全保障にとって中国は脅威であると再認識させる。インドとは合同軍事訓練。ベトナムとも。この傾向に勢いを得たフィリピンは中国海軍と領土を巡って睨み合いを続けた。

米国の戦略研究家エドワード・ルトワックに言わしめると「中国に軍事的な長期戦略があるようで実はないため、周辺諸国が中国を警戒し敵視し、同盟関係を早めに構築することを促した。結果的に中国の失敗だ」。ルトワックが来日した折、筆者も参加した懇親会で直接聞いた言葉だ。

２０１１年11月26日、オバマ大統領は訪問先のキャンベラで記者会見し「米豪関係の強化は東アジアの安全保障のためであり、ステップ・アップだ」として、豪北部に2500名の海兵隊の駐留を発表した。

オバマ大統領はハワイでのAPECを終えるや、アジア9カ国歴訪の旅にでた。豪訪問は2日間で太平洋安全保障条約（ANZUS）の60周年を祝うことが表向きの目的とされた。ところが米豪の秘密交渉はずっと続いていたのだ。はっきりと中国を仮想敵国に位置づけているのである。

ブッシュ前政権でも豪への米海兵隊駐留計画はあった。しかし「中国を刺激するといけない」とばかりに共和党タカ派さえも躊躇ってきた。まさか対中強硬路線をリベラル色が濃いオバマ政権で実現するとは！

豪のジュリア・ギラード首相も、どちらかと言えば対中宥和派。その姿勢に変化が見られたのは豪リオ・ティント社を中国が買収しようとした土壇場で豪議会が反対すると、駐中国のリオ・ティント社社員4人を冤罪をでっち上げて裁判にかけるという無謀な報復をしたからだった。

オバマは、インドネシアのバリ島で開催されたEAS（東アジア・サミット＝ASEANプラス8）に出席し、次に豪議会で演説し、さらに海兵隊の駐屯が予定される豪軍基地をギラード豪首相と一緒に訪問してセレモニーを盛り上げた。

かくて米豪両国は対中国への姿勢の変化を強固にしたが、日本ははたして、この外交上の変化を正確に認識しているのだろうか?

慌てた北京はどうやら米豪秘密交渉を事前に諜報筋がつかんでいなかった様子であり、オバマ・ギラード会談で、唐突に発表されたことに立腹し、中国外交部劉為民報道官は「時期的にもふさわしくなく議論の余地がある」と不快感をあらわにした。『人民日報』は強い批判を展開し、社説では「豪は不適切な選択をしたが、ギラード首相は経済的な中国依存という現実的側面を軽視した。米豪軍事強化は不適切であり、豪は十字砲火にさらされる」と脅迫めいた言葉を並べたのだった。

つまり中国の周辺国には空恐ろしい勢いで拡大する中国の軍事力をまえに安全保障上での結束が開始されている。

この事態に北京の新指導部はいかに対処出来るだろうか。あるいは軍事攻勢をつよめてアジアを危険に晒すことになるのか。

次なる激変の舞台はミャンマーだ。

クリントン米国務長官は2011年12月1日にミャンマーを電撃的に訪問した。この米国の態度変更によってアジアの地政学が画され、新しい歴史のページが開かれた。オバマは豪州からバリ島へ向かうエアフォースワンの機上からアウン・サン・スーチー女史に電話をかけ、ヒラリーの訪問を伝えた。

　これで東南アジア各国は、ようやくにして米軍が南シナ海の安全にコミットする本気ぶりを悟った。中国海軍が思うさま南シナ海に君臨し、他国の領土を踏みにじってきたことに不満が募っていた。

　ミャンマーは中国が建設中だった巨大ダムの工事中止を決め、北京はすっかり慌てた。これもまた画期的な出来事であり、国際政治に特筆すべき事件。だが、日本のマスコミも外務省も高い関心を払わなかった。

　中国の資本による中国のための開発である。ミャンマーの領土内に中国が資本を投下し工事主体も中国企業、ダムの発電による電気はほとんどが中国へ送られるという不平等プロジェクトの典型で、すでにミャンマーに蔓延する反中国感情がミャンマー政府の決定を支持した。ちなみに筆者は２０１２年5月にミャンマーと中国との国境の町へ取材に行った。ミャンマーから入ってくる人々を中国が極度に警戒しており、麻薬ではなく、少数民族の連帯、スーチー当選後の民主化の動きを明らかに恐れていた。

　ミャンマーはすでに民政移管を果たしており、テイン・セイン大統領は民主主義を高らかに宣言している。もとよりミャンマーは、自由で平等な国柄を誇ってきた。欧米のミャンマー制裁は過去の自らの植民地経営の残酷さを隠蔽するための不必要な批判と攻撃でしかなく、外交的に大失敗だったのだ。しかし主体性のない日本は欧米の経済制裁の合唱に強制的に組み込まれ、ミャンマーの経済はひどく困窮し、疲弊した。たとえば銀行は農民に貸し付けができない。流通は華僑が完全に牛耳るといった具合である。そして欧米日の対ミャンマー制裁の20年間に、巧妙に軍事政権に取り入ってミャンマー経済を圧倒したのが中国だった。そうした状況は刻々と変貌し、地政学の基本的要件が変化する。南沙諸島における中国軍のプレゼンスはＡＳＥＡＮ諸国に不快感と強い警戒を呼び起こし、日本でも尖閣諸島へのあからさまな侵略意図は、親中派を含む政治家にさえも対中不信感を抱かせた。

南シナ海の航海の自由が中国海軍によって妨げられれば日本のシーレーンの安全も脅かされることは火を見るよりも明らかであり、日本・ＡＳＥＡＮ首脳会議で採択された「バリ宣言」で南シナ海の領有について「海洋の平和と安定が地域の繁栄に向けて不可欠であり、航行の自由の必要性」が鮮明に謳われた。

そのうえで２０１４年のＡＳＥＡＮ首脳会議はミャンマーを議長国とすることが決められた。

ここまでの進展があれば、オバマ政権は対ミャンマー外交を変革せざるを得ず、取り急

中国とミャンマーの国境（雲南省）にある友好看板

ぎ国務長官を急派して、近未来の協力関係を模索する。ミャンマーにおける中国の軍事的橋頭堡を後退させるか、あるいは中立化させ、同時にミャンマーの対中経済依存度を相殺するための新しい経済協力機構などが模索される。慌てた韓国は李明博大統領が5月にあたふたとミャンマーを訪問し、得意技の抜け駆け外交を展開したのだった。

環日本海ルートの三者三様

しばし忘れ去られていたかのような日本海と中国、朝鮮、ロシア沿海部をつなぐ運送ルートがある。

北京での日中韓サミットでも議題にならず、9月のウラジオストックのＡＰＥＣでの議題となるか、どうか。蛇足だが、ウラジオストックのＡＰＥＣにオバマ大統領は欠席を表明しており、プーチンの異常な極東梃子入れに水を差すかたちである。

「環日本海経済圏」構想が大きく後退したかにみえ、日本、中国、ロシア、北朝鮮がからむ「日本海輸送回廊」の実現は表面的に遅れてはいるが近未来の図式がみえてきた。

第一に北朝鮮の指導者が交代し、経済に重きを置く路線を歩み始めそうなこと。最短距離の航路が開ける展望がでた。

第二にＡＰＥＣはウラジオストックで開催されるが、プーチン大統領が異様な熱意でロシア極東沿岸部と日本海との連結による経済発展を図っている。

第三は中国の熱烈な日本海ルート開拓へのアプローチである。

ただし中国は東北三省（黒竜江省、吉林省、遼寧省）がそれぞれ別個に日本海への回廊を急ピッチで建設中であり、既存の大連ルートが将来脅かされるかも知れない。

北からみていくと、黒竜江省のスイフェンガからは既にトラックと鉄道でロシアと結ばれている。密山と興凱湖を挟んでの交易も存在する。ところが黒竜江省ルートは日本企業も日本人観光客も稀で、現地へ行くとロシアから１５０万、中国から60万の観光客の列に数万の韓国人ツアーが加わる程度。

吉林省ルートは２本。図們江からロシアのザルビノ、ポシェットへの鉄道工事は最終段階にきていて近未来にはウラジオストックに繋がる。突端の琿春には工業団地もできており、日本企業の進出もある。しかし新潟―ザルビノ航路は新潟―ナホトカ航路の途中寄港地にすぎないうえ、憂慮すべき難題は中国とロシアの鉄道ゲージが異なり、またザルビノの港湾設備が古くてフルスケールのコンテナ基地として使えない弱点がある。

同じく図們江から南のルートは北朝鮮の羅津へと至り、鉄道と道路拡張ならびに港湾設備改良は中国が主体となって工事完成も間近という。このルート、戦前の日本が開拓したものである。

遼寧省からは丹東（日本時代の安東）―新義州―平壌へ至る、もっぱら中国の対北支援ルート。日本とは繋がらないので丹東へ日本企業の進出はほとんど無い。

中間の集安―通化ルートは丹東へも延ばそうとしているが鉄道工事が遅れている。

こうみてくると地政学的に最も便利で有益で、これからもますます飛躍する可能性が高いのは大連である。あの薄熙来がおさめて発展した大連！　日本とのアクセス上、圧倒的に有利である。だから大連への日本企業の進出は凄まじく、アカシア並木で有名な旧日本人街も残って郷愁があり、日本語が通じるうえ港湾は近代的、くわえて大連から瀋陽への新幹線もまもなく開通する。

これら全てのルートを取材した筆者の感想を言えば、地元中国と北朝鮮、ロシアとの間にある激しい熱意の温度差。とくにロシア側はプーチンが旗ふれど地元企業は資金不足で踊らずという構造。

また中国は黒竜江省、吉林省、遼寧省がそれぞれに省益優先で他のルートを競合相手と考えて足を引っ張り合い、企業誘致も派手に競い合うという負の側面がある。

さるにても政治、軍事、経済はセットとして重なり合っており、これをわけて考えてきた日本は、総合的判断力に欠ける。だから失敗ばかりを繰り返してきたのである。

エピローグ　未来図を透視する

米国予測のトップ9人と「その次」

薄熙来失脚という「重慶の変」の直後、米国の「米中経済安全保障評価委員会」（USCC）がまとめた重要なレポートが公表された。題して「中国共産党、次の指導者たち」。米国の専門家が次の中国のトップを予測したのである。

習近平政権の中枢「政治局常務委員会」の9人の顔ぶれとは、習近平（総書記、国家主席、党中央軍事委員会主任）、李克強（首相）、李源潮（紀律担当が予想される、以下同じ）、劉延東（政商協主任）、劉雲山（モンゴル人、中央宣伝部長）、王岐山（全人代委員長）、汪洋（筆頭副総理）、孟建柱（国家安全部長）、兪正声（上海市書記、太子党兼上海派)。この9人が予想されるものの代替候補には「張徳江、令計劃、張高麗、張慶黎らダークホースの『入閣』も考えられるかも知れない」とした。

また同報告では「第六世代」のライジング・スターを5人並べて、5年後に大躍進を予測している。

その5人とは胡春華(団派、内モンゴル自治区書記)、孫政才(吉林省書記)、周強(湖南省書記、団派)、陸昊(共青団書記)、沈躍躍(組織部副主任、女性。団派)らである。

さて本書では現在進行形の三国志ドラマをまとめたが、それなら「次の次」はどういう顔ぶれになるだろうか?

2018年のライジング・スターと目されるのは次の3名。胡春華は内モンゴル自治区書記(1963年生まれ)。周強は湖南省書記(1960年生まれ)。そして孫政才は吉林省書記(1963年生まれ)。

この3人のうち胡と周は共青団書記を歴任した胡錦濤直系の党テクノクラート出身で、次の世代の出世頭でもある。とくに注目株の胡春華は北京大学卒業、チベットで党官僚として20年のキャリアを積み上げ、当地で共青団書記ののち河北省省長へ栄転、2010年には内モンゴル自治区書記、まだ46歳の若さ。この異例のスピード出世は、河北省省長の

米国「米中経済安全保障評価委員会」（ＵＳＣＣ）が予測する「中国共産党、次の指導者たち」。

習近平政権の中枢「政治局常務委員会」の９人

習近平（総書記、国家主席、党中央軍事委員会主任）
李克強（首相）
李源潮（紀律担当が予想される、以下同じ）
劉延東（政商協主任）
劉雲山（モンゴル人、中央宣伝部長）
王岐山（全人代委員長）
汪　洋（筆頭副総理）
孟建柱（国家安全部長）
兪正声（上海市書記、太子党兼上海派）

（この９人が予想されるものの、代替候補にはほかに張徳江、令計劃、張高麗、張慶黎らダークホースの「入閣」も考えられるかも知れない、としている）。

期間が僅か1年半、すぐに内モンゴル自治区書記に栄転したことからもわかる。直系の李克強も河南省省長から僅かのうちに遼寧省書記へ移動し、キャリアを積んで地方を経験したという「理由」で政治局入りがあったように。

おそらく次に「胡春華は広東省書記か北京市書記に特進し、第18回党大会で政治局入りを果たすだろう」とウィリー・ラムが予測している（ジェイムズタウン財団発行、『チャイナ・ブリーフ』、4月27日号）。胡春華は薄熙来失脚直後、内モンゴル自治区党委員会で「胡錦濤へ絶対的忠誠を誓う」と宣言した。胡錦濤が1988年から92年までチベット自治区書記を勤め上げ、鄧小平に忠誠を誓ってチベット民衆の弾圧に「貢献」し、中央の覚えめでたしとなったように、胡錦濤は胡春華に特別な目をかけてきたのだ。

また胡は自分に注目が集まっている事態を客観的に分析しており、公の場でも内輪の幹部会でも目立つパフォーマンスを極力避けて、記者会見でもとくに目立つ発言を回避し、中央の記者会見では「内モンゴルに関する質問にだけ答える」として派手な発言をひかえ、オウム返しのように「党の団結、社会の安定、和諧社会の実現」などと胡錦濤が聞くと喜びそうなことしか答えなくなった。

明らかに長老から不人気な温家宝の遣り方を忌避し、同時にリベラル路線を突っ走って、若手官僚や庶民の人気を集めながらも長老から冷たい目で見られる汪洋広東省書記とは距離を置いている。

周強はもっぱら法律畑を歩んできた。

重慶南西大学で法律を専攻し、法務省で１９８５年から95年までキャリアを積み上げた。以後、共青団書記を２００６年まで。

周強は３歳上にもかかわらず胡春華のあとの湖南省書記。彼は「張徳江のあとを襲って次の重慶市書記に就くと見られる」（前掲ウィリー・ラムが予測）。張徳江副首相は薄失脚という政局の激変のため、リリーフで重慶市書記を党大会まで務めるだけとみられるからだ。

しかし周は前任の胡春華とは対照的に湖南省という特殊な環境を巧妙に利用して、薄のような「毛沢東礼賛」を推進はしないが、地元長老が得心するような毛沢東評価をおこなってきた。湖南省は毛沢東の生まれ故郷である。

「雷鋒に学べ」などとアナクロで時代遅れのキャンペーンを湖南省で熱心に進める一方で、永遠の価値（共産主義）をことさら重視し、愛国精神がもっとも重要であり、雷鋒の党への忠誠という精神が大事だなどと出世を念頭においた発言を繰り返している。

２０１２年5月25日から３日間、温家宝首相は湖南省を訪問して教育、農業問題の調査研究会ならびに台湾との貿易促進の研修会などに出席した。薄熙来がいる間には重慶特別市に一度も行ったことのない温首相の3日もの異例の訪問は、湖南省党書記の周強への肩入れとも取れる行動である。

国務院台湾弁事処主任は王毅（前駐日大使）である。この王毅も台湾問題とは無縁の湖南省長沙を訪問した。湖南省でこうした「研修会」は5月11日に開始され、12、20、28、29、31日と5月だけでも6回。なにゆえにこれほどの頻度でおこなわれ、且つ錚々たる次世代指導者が湖南省へ集まるのか？　まるで「周強へ、周強へと、草木も靡《なび》く」ような異様な景観ではないか。

もとより湖南省は毛沢東、劉少奇の故郷であり、辛亥革命前夜にさかのぼれば孫文臨時政権初代首相格だった宋教仁も、また女性革命烈士として魯迅がモデルにした秋瑾が生まれ故郷、最近では胡耀邦も朱鎔基も湖南人だ。

この湖南省を近年の改革のモデル省として国務院が見学研修を奨励しているフシがある。というのも、王毅一行と一緒にあるいは前後して湖南省を訪問し、省党委員会書記の周強と会談したのは韓炉徳（全人代副委員長）、李乾元（農業委員会副手心）、王嘯鳳（人口資源環境委副主任）など次世代のリーダー候補とされる人々ばかり。

周強は共青団第一書記として8年、その法政方面の辣腕が見込まれ、みるみるうちに頭角を現して胡錦濤等の目にとまり、湖南省へ赴いてから早や5年、06年に湖南省長、２０

10年に書記に昇格して湖南省の法治を治め、中央の声望を高めてきた。治安の乱れ、腐敗の更新は法治がままならぬからであるが、周強の湖南省は統計的に腐敗度も深刻ではないという（あくまでも全国平均の話だが）。こうなると政局のタイミングが反腐敗キャンペーンに移行している以上、いままだ「清廉」のイメージのある政治家とコネを深くしておきたいという政治的欲求、打算があるのも理の当然の帰結となる。

ところが政治の世界は一寸先が闇。ひとり民主活動家の「自殺」が波紋を拡げたのだ。

89年の天安門事件に連座して監獄にあること23年、ようやく出獄した湖南省の民主活動家、李旺陽は両眼を失明していた。出獄後、韶陽市の病院に入院していたが、奇病に罹患しており治療がままならず、6月6日、絶望して「自殺」した。妹ふたりが遺体を引き取りに行くと首つり自殺というのに、地面に足がついていたという目撃談もあり、しかし遺体はすぐに火葬された。一説に公安当局の一部からのたれ込みがあったらしい。自殺は他殺の疑いがあり、不審であるとして調査を要求する声がまたたくまにネットで中国全土に拡大し、6月9日にはニューヨークの中国領事館前に人権活動家が集合して再調査を訴えた。翌日には香港で2万5千人があつまってデモをおこなった。

湖南省書記の周強は、この難題をいかに収めるか？

おりから山東省の法政紀律委員の柏継民が省常務委員の職務を解除された。陳光誠事件により担当が降格されたのは初めて。盲目の人権活動家が米国出国へいたる、当局の「失態」の責任を取らされたかたちとなった。

周強は胡春華とは対照的に記者会見で積極的に発言し、メディアからも好評を得ている。もう1人のライジング・スターで吉林省書記の孫政才に関してはまだ未知数な要素が多い。

究極的な権力闘争とは、中国を本当に動かす軍をいったい誰が掌握できるか。このポイントが「中国現代三国志」の肯綮部分だ。

この軍事方面でも薄熙来失脚の深い闇の一端が明らかになった。

薄は昨年11月に成都軍管区を訪問し、越権行為で閲兵したが、ことし2月にも昆明部隊で開催された「第十四集団軍」のセレモニーに出席していたことがわかった。軍委員会ポストにない者が軍高官と接触したことは「重大な規律違反」である。この「第十四集団軍」は内戦の終盤で、薄の父親の薄一波が率いた因縁がある。隣接の第十三集団軍はチベット侵略の立て役者。獰猛でしられる。

そもそも成都軍管区は四川省、チベット自治区、雲南省、貴州省、そして重慶市をカバーする大軍管区である。

昆明は雲南省の省都、その昆明市共産党委員会の長老ら14名が連署で、胡錦濤執行部に公開状を送り（同時に世界中のウェッブサイトにも送稿した）、「周永康と劉雲山の罷免を要求」した。

成都軍管区の軍用地を民間デベロッパーに払い下げる「越権行為」が軍のトップと癒着した業者と党幹部との癒着構造のなかで展開されており、重慶軍用地の商業化の過程で数々の問題が浮かんだが、これも「重大な規律違反」である。

軍は綱紀粛正に躍起となっており『解放軍報』は社説で「軍の内部で国軍化論議に惑わされず、軍はあくまでも党の指導に従う」と強調した。国軍化を強調した将軍らは左遷された。

英紙『テレグラフ』は「（薄夫人に殺害された）生前のニール・ヘイウッドが『薄はしばしば自宅に軍の高官を招待し、さかんに政治論議し執行部を辛辣に批判していた』と友人に語っていた」と報じた。また薄熙来は軍の要求に応じて、重慶市内に軍へリコプター製造企業を起ち上げるため、重慶市の予算から特別に5億元（70億円に相当）を回していたという。

アジア共同体幻想

中国が対日政策の戦術を変更し、当時の鳩山首相が唱えた「東アジア共同体」構想を唐突に賞賛した時期がある。

中国の対日戦略目標は第一に日米離間、日米同盟の亀裂深化。そして在日米軍基地の撤退である。外交はこの戦略目標を実現するために各レベルでの戦術が行使される。その点で独裁国家はさすがである。

日本には過去に類いのないほどの「媚中政権」が誕生したため、この活用を目論むのは戦略家として当然である。

胡錦濤はニューヨーク国連総会、ピッツバーグG20、APECなどで何回か鳩山首相と会談し、その並外れた外交音痴ぶりを明確に認識できた。小沢一郎がかつて海部首相を評して「馬鹿とハサミは使いよう」と比喩したように、胡主席はこの飛んで火に入る夏の虫のような「馬鹿」をいかに中国有利に使うかを検討した。なにしろ日本の領海から盗掘している東シナ海のガス田に関して鳩山首相は「友愛の海に」という不思議な宇宙語を使い、胡は当初、オチョクられたと警戒した。国際的にいえば非常識であり、領海侵犯に抗議しない国家の代表を見たのは稀な経験だった。

しかし中国は鳩山の獅子吼する「東アジア共同体」構想を支持すると言い出したのだ。しかも楊潔篪外相、王毅主任などを矢継ぎ早に訪日させ、日本の媚中マスコミを駆使して日中共同の「東アジア共同体」推進を言い出した。日本主導の同構想を支持しないのは中国の立場だが、日本をおだてるために当面、彼らは本音を隠し「日中友好」を偽装する。こうした作戦は国共合作などで得意中の得意芸だ。

戦術変更は日本をますます中国寄り姿勢に転換させ、鳩山短命政権が崩壊するまでに日米関係をもっと険悪化させておけば、中国外交の得点となる。そのしたたかな計算のもとで戦術変更がなされた。以後の菅直人、野田政権へと中国の外交戦略の基本は変わらない。だが野田首相になって日本政府はようやく自己の誤りを認識し、「尖閣諸島は日本領土だ」と野田首相が発言するや、胡錦濤はホスト国でありながら日中首脳会談を拒否した。中国の面妖なアプローチに終止符を打たせた意味で野田首相の発言は評価されて良いだろう。

いずれにしても日本は対中外交の基本的姿勢を考え直す秋を迎えている。

著者プロフィール

宮崎 正弘（みやざき まさひろ）

1946年金沢生まれ。早稲田大学中退。編集者、貿易会社経営を経て、82年『もうひとつの資源戦争』（講談社）で論壇へ。国際政治、経済の舞台裏を独自の情報で解析する評論やルポルタージュに定評があり、同時に中国ウォッチャーとして中国33省を踏破し健筆を振るう。開業した中国新幹線も全て乗り尽くした。主な著書に『トンデモ中国　真実は路地裏にあり』（阪急コミュニケーションズ）、『オレ様国家・中国の常識』（新潮社）、『ウィキリークスでここまで分かった世界の裏情勢』（並木書房）、『自壊する中国　ネット革命の連鎖』（文芸社文庫）、『中国大暴走　高速鉄道に乗ってわかった衝撃の事実』（文芸社）ほか多数。中国語に訳された著作も多い。

中国権力闘争　共産党三大派閥抗争のいま

2012年 9 月15日　初版第 1 刷発行

著　者　宮崎 正弘
発行者　瓜谷 綱延
発行所　株式会社文芸社
〒160-0022 東京都新宿区新宿1－10－1
電話 03-5369-3060（編集）
03-5369-2299（販売）

印刷所　図書印刷株式会社

ISBN978-4-286-12721-7